尼羅河的贈禮太陽神的智慧

古埃及的智慧

趙立行　著

前言 FOREWORD

尼羅河的贈禮　太陽神的智慧

古代埃及是一個獨特的民族，它神祕而又矛盾。

一群勇敢而又具有遠見卓識的人，為擺脫乾旱的困擾，忍痛背井離鄉，尋找到了自己生命的源頭——尼羅河。

——他們無奈地走出愚昧與落後，卻一下子站到了人類文明的前沿。同尼羅河接觸的一瞬間迸出的火光，開啟了一個種族偉大的智慧。

——他們把自己的命運交給了這條河流，並隨河流的起伏而律動。但他們又把命運操縱在自己手裡，使河流在被改造中馴從了大地。

——他們崇敬神，認為神無處不在。但他們敬神而不畏神，而是極力把神由天國拉向人間，讓人神共處於同一自然之中。

——他們注重死亡，修建了高聳雲天的金字塔，製作了千古不腐的木乃伊，編寫了充滿睿智的亡靈書。但是，在人人為死而準備的忙碌中，卻處處顯示著他們追求再生與永恆生命的願望。

——他們崇尚穩健，趨於保守，注重傳統而不思激變。但是，他們又不願把自己關閉在國門之內，而是循著尼羅河的軌跡，走出國土，走向大海。

——他們把法老尊為神，接納以神君為主的大一統體制，

把美德與權力賦予這位首領。但是，他們從未接受社會的鐵板一塊，權力的分散與獨立一直存在於他們的政治形態之中，就像冰封的外表無法阻止汩汩的水流。

——他們追求藝術中的「靜」與「恆定」，把多彩的內容限制在有限的規則與模式中。但是，這些冷冰冰的模式掩蓋不住他們的生活氣息及表現出的力量。

大自然是多元的，生活是多元的，人也是多元的。正是這些多元因素的交叉與矛盾構成了生活的豐富多彩，歷史的跌宕起伏，也同時構成了古埃及人的智慧。

也許，古埃及人在時空上離我們很遙遠。但是，儘管古埃及人的具體生活場景已離我們而去，古埃及作為一個文明也已經歷輝煌而衰亡，但是，古埃及人所面臨的生活環境並未隨歷史而作古，他們所面對的生存問題遠未解決。一代代人為生存和發展而鬥爭而思索，也便有了一代代人的智慧。智慧並不因其古而神祕莫測，也不因其新而魅力動人。它既跨越了空間，也超越了時間。正是智慧的閃光，為古今搭起了一座永不會阻斷的橋樑。

我們今日面對古人，努力淘洗淹沒在歷史中的各種智慧，絕非出於考古學家的嗜好和古董商的搜集獵奇，而正是基於智慧的這一特點。

但是，「大智無形」，真正的智慧往往需要人們去感悟。嘗試把這種無形的智慧形諸筆墨，編集在有限的篇幅裡，不但是一項艱澀的任務，而且還有把智彗紗變得狹隘和支離破碎的危險。我們之所以敢「冒天下之大不題」，是因為並非人人都是聖賢，而感悟本身也需要一定的素材。我們所做的嘗試無非是引導人們去對古代、現代和未來生活作進一步的思考。

如果讀者能從這零碎的篇章中獲得點啟示，並以此為開端，去探尋人類更大的智慧，對生活本身做更深刻的理解，我們便心滿意足了。

　　在具體成文過程中，曾得到諸多師長和學友的幫助。尤其是顧曉鳴先生，給予我許多具體的指導與啟示；如果沒有他的關心與幫助，這本書斷難完成。謹在此表示感謝。

‧圖坦卡門，他是古埃及新王國時期第十八王朝的法老王，原名圖坦卡頓（阿頓的形象）後改為圖坦卡門（阿蒙的形象）。這也表示他的信仰由阿頓神轉為阿蒙神。

目錄 CONTENTS

前言 FOREWORD　　　　　　　　　　　　　　　003

Chapter 1　至高智慧，智慧至高　　　　011
・古埃及的智慧，太陽神的智慧　　　　012
・青出於藍而勝於藍　　　　　　　　014
・強大在於智慧　　　　　　　　　　015
・農夫勝訴的秘訣　　　　　　　　　017
・文字的神性　　　　　　　　　　　019
・文字遠勝於槍　　　　　　　　　　022
・「拉之眼」與「大洪水」　　　　　024
・聖母與聖子的原型　　　　　　　　026
・救贖與審判　　　　　　　　　　　028
・十字架與生命　　　　　　　　　　030
・衝破蛇的黑暗　　　　　　　　　　032
・善惡總有報　　　　　　　　　　　035

Chapter 2　獨特的事物，獨特的理路　　039
・能同化亞歷山大大帝的古埃及　　　040
・逆流的河　　　　　　　　　　　　042

· 實用是關鍵　　　　　　045
· 哈辟神的自白　　　　　048
· 拿破崙的震驚　　　　　049
· 光頭與假髮　　　　　　054
· 萬事家中知　　　　　　058
· 哀莫大於心死　　　　　060
· 一醉方休　　　　　　　062
· 飯後儆示　　　　　　　065
· 追逐命運　　　　　　　067

Chapter 3　超越生死和人神的平等　　　071

· 自我二元，亦生亦死　　072
· 天堂在現世中　　　　　075
· 樂趣在生活中　　　　　077
· 生死循環，天人合一　　079
· 生與死的通道　　　　　083
· 活著進入來世　　　　　085
· 「失而復得」的儀式　　087
· 木乃伊的啟示　　　　　089
· 享度來世，人人平等　　092
· 同等地面對審判者　　　094
· 聖湖前的審判　　　　　097
· 「公平秤」的審判　　　100

- 貧者不「貧」，富者不「富」　103
- 喚神神就在　105
- 人神之間　109
- 六年變為十二年　110
- 神在自然中　113

Chapter 4　經營謀生，生財理財　117

- 虹吸現象的發現　118
- 高地變良田　120
- 對付泛濫的辦法　122
- 把豬趕到地裡　123
- 採石運石技巧　126
- 一石二鳥的工程　128
- 勞工註冊制度　130
- 專控權　132
- 測資源以定稅收　135
- 聚財與經濟平衡　137
- 殺身取利　139
- 走出大一統的圈子　141
- 盜墓盜廟的隱性功能　143
- 內在陳舊性機制　145
- 官方經商意識　147
- 法老墓裡的中國瓶　149
- 尋找對外的窗口　151

・可戰可商的要塞 153
・外國商人特區的建立 155

Chapter 5 神人互滲，治國選才 159
・以神命而定王權 160
・歷史由自己書寫 163
・造雨王 165
・師古鑒古 168
・正義為準繩 170
・統權與分權 173
・一國兩制 176
・保守中求發展 178
・從階下囚到重臣 181
・「書吏學校」與「生活之家」 184
・小小書記官 185
・祭司因何榮耀 187
・父業子承，各安其位 190

Chapter 6 軍事方略，用兵謀術 193
・善事與利器 193
・一手執槍，一肩荷鋤 195
・攻必齊，守必固 197
・居安思危 199
・寬待俘虜 201

· 拉一派打一派 　　204
· 地形專家彼安基 　　205
· 巧用「籃子計」 　　207
· 兵貴神速 　　209

Chapter 7 藝術人生，人生藝術 　　213
· 永不泯滅的生活氣息 　　214
· 神韻在模式中 　　217
· 讓時間的腳步停留 　　220
· 柱式中的情感 　　223
· 待客以禮 　　226
· 舞出節奏 　　227
· 寓教於「樂」 　　230
· 沙龍文化 　　232
· 遊戲，還是體育？ 　　234

Chapter 1

至高智慧，智慧至高

古埃及的智慧，太陽神的智慧

在古埃及，有一則伊西斯神（Isis）同太陽神（The Sun）鬥法的傳說。傳說，太陽神有一個神們和人們都不知道的祕密名字，這個名字給他以法力。女神伊西斯很想得到這個名字，從而獲得同太陽神一樣大的權力。這時，太陽神已經變老了，說話時嘴裡流出口水來。於是伊西斯跟著他，把他的唾液和泥土一同撿起來，將泥土烘烤，製成一支矛，這支矛變成一條毒蛇。這條蛇咬傷了太陽神，毒液進入他的身體，疼痛難忍。

於是，他命令所有的孩子們都到他的身邊，念破除巫術的咒語。在前來的孩子們中也夾著伊西斯。她對太陽神說：「你必須把你的祕密名字告訴我，因為你的名字有法力，用這法力可以解除你的疼痛和苦處。」起初，太陽神並不願輕易說出自己的祕密名字，但是最後他實在無法忍受毒液的折磨，於是開口說道：「我的願望是：把我的祕密名字傳給伊西斯；我要它離開我的心，進入他的心。」這樣，伊西斯如願以償地獲得了太陽神的祕密名字，太陽神也不再承受毒液的折磨。

表面上，這則神話反映了伊西斯如何以自己的智慧獲得太陽神的祕密名字，但實際上，它並不是一則簡單的智慧故事。在以神話為思維原型的時代，神話表達的必然是一種社會存在，或表達一種理想和信念。

我們首先來剖析太陽神及其祕密名稱的內涵。在神話傳說中，太陽神是一個富有智慧和威權的人，只要他隨心所欲地說出他心中的願望，他所提名的東西立刻就成形；他向太空中凝視時，他所想要看到的東西立刻就成形：「我創造了天和地。你看，地球是我造出來的，那些山是我親手做成的；我造了海，我使尼羅河灌溉了埃及的土地。我是眾神之父，我給他們

生命。我創造了一切在陸地上和海裡行走的動物。我睜開眼睛，世界就有了光明；我閉上眼睛，世界就一片黑暗。」

　　他是眾神之主，掌握著創造並統治萬物的祕密。他力量的源泉來自那個祕密的名字，這個名字是他的父親努為他取的，任何神和任何人都不知道。太陽神的這個祕密名字不是別的，正是太陽神心中智慧的總稱；也就是說，他擁有一般人所沒有的智慧和能力。正是靠這種智慧，他成了天父，同時亦成了地上的第一位國王。但是，即使是太陽神，也不是永保青春的人物，他變老了，「說話時嘴裡流出口水來」以及「他的骨頭已變成銀白色，他的肌肉已變成金黃色，雖然他的頭髮還是黑的。」因而，我們完全可以推斷，神話中太陽神的形象其實就是年事已高的老王的形象。

　　這位老王年輕時依靠自己的智慧和能力被推為首領，人們公認他有著神聖的力量，但是，他也無法違背自然規律，他必然會變老和死去。在死去之前，他長期積累的經驗和智慧便成了一個關鍵問題。因為，智慧本身是不死的東西，但是如果不及時學習和接納過來，它也會隨著老王的死去而消失。尤其在比較落後的古代社會裡，老人是個非常重要的階層，他們掌握著領導權，有著經驗和智慧。在大多數情況下，年輕人的技能都是靠他們手把手傳授的。只有徹底繼承老一輩的智慧，才能保証社會生活的延續。我們看到，太陽神並不願承認自己的衰老，並不願拱手送出自己的權力和掌握權力的祕訣。伊西斯用自己的智慧迫使太陽神承認了這一切，自己成了太陽神的繼承者。

　　太陽神是古埃及最偉大的神 —— 天上的神和人間的「神」，太陽神的智慧成了古埃及智慧的象徵。

青出於藍而勝於藍

　　我們從伊西斯這方面來分析伊西斯與太陽神鬥法這一傳說。在古埃及神話中，伊西斯是一位富有智慧並精通巫術的人。她是冥神奧西里斯（Osiris）的妹妹和妻子，曾輔佐奧西里斯教化萬民。在其丈夫被害後，曾千里尋夫，找回丈夫的屍體，並感動天庭，使其丈夫復活。

　　在這則神話中，她是一個懂魔法的人，開始時以人形生活在人間，在厭倦了世俗生活後，便想回到天神中去。但是，與其他神不同，她有著野心，「想在天上和地上具有同拉神（即古埃及神話中的太陽神）一樣大的權力。」他渴望得到任何神、人都不知道的天父的祕密名字。

　　既然太陽神是富有經驗和智慧的老王的代表，那麼，伊西斯便是新生力量或新王的代表。她久居人間，說明她久在統治者之下達很長時間；她想獲得太陽神的祕密名字，無非是想獲得老王的智慧和權力。她跟隨著已衰老的太陽神之後，一點一滴地拾取老王滴下的唾液及泥土，實際上說明了伊西斯正是靠汲取老人的智慧而成長起來的，在一點一滴向太陽神求教的過程中，逐步增強了自己的能力，具備了向太陽神挑戰的力量。她用太陽神的唾液和泥土製成一條蛇，這條蛇凡人和天神都看不見，就連萬能之父太陽神也不知是什麼東西，「它不是火，但是燒我的身體；它不是水，但是我渾身發冷，四肢顫抖；我的眼睛也變得模糊了，我的臉正落下汗珠來。」

　　其實，這條蛇正是太陽神本身的東西，是伊西斯把它們接納過來，加進自己的智慧，青出於藍而勝於藍，找到了戰勝天父的鑰匙。伊西斯向太陽神挑戰，並不是想致太陽神於死地，只是想讓太陽神承認自己的衰老，交出權力，並連同自己的經

驗和智慧一道奉獻出來，讓新生力量接過他的火炬，繼續他的事業。最後伊西斯獲得了太陽神的祕密名稱，太陽神也獲得了健康。

強大在於智慧

在大多數人眼裡，老鼠是一種極討厭的小動物，不但形象難看，還經常幹一些不得人心的壞事，因而，人們往往用蔑視和痛恨的詞彙來形容它們。所謂「老鼠過街，人人喊打」，「無名鼠輩」等等，便是例証。古埃及人有許多有關老鼠的故事，但他們似乎對老鼠並沒有什麼惡意。相反，在每篇故事裡，老鼠常常以正面角色出現，成為受歌頌和讚美的對象。

貓與鼠作為天敵，經常發生摩擦，最後終於釀成了一場大戰。鼠部落大舉進攻貓部落，並兵臨城下。兩隻小老鼠已搭好雲梯，準備攻城，另外兩隻鼠執矛持盾，進行掩護。兩個鼠射手與一隻貓射手對射，鼠王乘坐狗拉的戰車殿後。貓城危在旦夕，站在城堡上的三隻貓正在求神救援，其中一隻貓已經腹部受箭。看來，貓的敗局已定。於是，得勝的鼠得意洋洋地向貓走去。貓面對眾多的鼠只好屈從，強作笑顏，請老鼠高抬貴手。失敗的貓為討好鼠王，只好為他服務。鼠王儼然是一個勝利者，他一手執扇，一手執一根吸管飲酒，前面站著一隻貓為他斟酒，背後站著一隻貓為他揉肩捶背。有的貓則為鼠后整理頭髮，還抱著鼠王子等。

在一般人的常識裡，貓與鼠發生大戰，鼠一般都會失敗，即使不被統統消滅乾淨，也只能龜縮在洞中以求保存自己。但古埃及卻把老鼠描繪為勝利者，攻佔了貓的城寨，身子比鼠大

好多倍的貓成了階下囚，只好當鼠的奴僕。

如果說貓與鼠之間還是可以較量的話，那麼，獅子與老鼠則不可同日而語了。但是，古埃及人描寫最多的偏偏是獅子與老鼠的故事，一大一小形成鮮明的對比。雖然在體力上老鼠是弱者，但在智力上卻遠在獅子之上，兩者每次相遇的結果，總是老鼠給獅子一點教訓，獅子則顯得蠢笨。

有一次，一隻小老鼠被獅子踩在腳下，小老鼠求它饒命，說即使吃掉它，肚子也不會飽，並預言獅子將有一難，將來會救獅子一命。後來獅子誤入獵人設下的網，老鼠前來咬斷網絲而搭救了它。弱小的老鼠反而搭救了強大的獅子。

古埃及人之所以把弱小的老鼠同比他強大的動物放在一起描寫，而且把老鼠作為正面角色，一方面表明埃及人同情弱者的心理。他們認為，強大並不是霸道的理由，任何動物，任何人都有所長、有所短，只有和平相處，才能達成和諧。相反，恃強凌弱，不但有損於人，亦對己不利，最後的結果是強者未必能撈到什麼好處。另一方面，古埃及人認為，真正的強大不在於外表，而在於內心，一個人內心有智慧才算真正有力量，那些一無所知的蠻勇武夫，最後往往被表面並不強大但內心充滿智慧的人所制伏。

這一觀點充分表現在下面這則老鼠與獅子的對話上。一天，獅子對老鼠說：「我的老鼠，你真是無知！你怎麼竟敢同最強大的動物爭吵呢？」老鼠則回答說：「我的獅子，你說得並不正確。強大在於智慧。我雖然是隻小老鼠，卻比你聰明，因此也比你強大。」❶

---

❶　漢尼希、朱威烈編著：《人類早期文明的「木乃伊」──古埃及文化求實》。

「強大在於智慧」，這說明，古埃及人普遍崇尚那些富有智慧的人。因為有這些人存在，才能使尼羅河得到很好的治理，才能使埃及社會強大於周圍諸邦。古埃及人治理國家靠的並不是強力，而是才能和智慧。當然，有智慧的人並不一定是外表上的弱者；古埃及人之所以把智慧賦予最弱小的生命，因為只有在這種對比中，才能突出智慧的作用。他們眼中的老鼠並不是別的，正是聰慧之人的化身。

農夫勝訴的祕訣

相傳，古埃及中王國時期，有一個農夫名叫塞克赫提，他所在的地區出產許多好東西。有一天，他用驢馱著鹽、豆莢和果核等到南方某地出售。在路上，遇到王室總管麥盧伊坦撒的農奴亥木提。亥木提看到塞克赫提的驢子便想佔為己有。於是他在路上鋪了一塊布，阻止塞克赫提經過。塞克赫提只好繞道而行，結果不小心之間，驢吃了麥田中的麥苗。亥木提便以此為藉口，搶走了農夫的驢子，還用柳條枝抽打農夫。農夫苦苦央求亥木提，請亥木提歸還他的驢子，亥木提置之不理。無奈中，便前往王室總管麥盧伊坦撒大人處訴苦。

這位農夫以詩一般的語言對這位總管進行了讚美並對事件的經過進行了陳述。這使總管大為驚訝，便去報告國王。國王便對他說：「就如同你祝我『聖躬康泰』一樣，你也隨他從長訴說吧！他所說的無論什麼話，先不必回答，你要讓他講下去，就得自己不開口。看啊！還得把他的話記錄下來給我，讓我也能聽到。」

於是，這位總管領命而行，對這位農夫的申訴和要求不予

回答。農夫一連請求了九次，均未得到答覆。但總管卻偷偷記錄了他的言辭。農夫正在無奈之際，總管卻開了口，同意他的請求。結果，農夫勝訴，並得到加倍的賠償。

在這則故事中，農夫之所以能夠勝訴，絕非執法者公正廉明。我們看到，在這樁案子中，總管大人並沒有詳細地去調查，而只是聽憑農夫的申訴。而且，如果執法者真的公正廉明，農奴亥木提也不敢那麼恣意妄為。亥木提便曾對農夫說：「人們有句俗語：『窮人名字自己管。』至於我啊！正是你剛才所說的那位人物——你所想的總管大人——手底下的人。」

真正使農夫勝訴的其實是農夫自己顯露出的智慧及國王和總管的愛才。我們看到，當農夫一語驚人地說出自己的申訴時，官司便成了次要的東西，而成了農夫不自覺地顯露智慧及國王和大臣欣賞和証實其才能的過程。總管最後答應了他的申訴是因為他的智慧已被充分証實，而官司根本無足輕重了。因此，國王最後的心思已完全不在審判上，而對總管說，「你自己審吧！我不想審。」而總管也對農夫說，「我起誓說，猶如我吃的是餅，也猶如我喝的是水，你將要永遠被人們紀念。」最後，這位農夫不但勝訴，還被留在國王身邊，「被王寵愛得有過於王的一切管事。他同他全家的人都吃到了王的一切好東西。」❷

因此，這則故事並不是講述誰是誰非的法律判定，而是通過這一情節，說明當時社會有著崇尚智慧和才能的風氣。「言者無心，聽者有意。」

當農夫為陳述自己的苦衷而滔滔不絕地道出華麗的詩句時，沒想到大總管並沒有真正在聽事件的詳細經過，而是欣賞

---

❷　均見陶德臻、彭端瑞主編：《東方文學名著講話》。

他的文采。在驚訝於一個農夫有如此高之才學的同時，大總管感到「踏破鐵鞋無覓處，得來全不費工夫」的欣喜。他並不因農夫才學甚高而嫉賢妒能。國王也不因這個人是個農夫而不屑一顧，而是立即引起高度重視，最後把農夫網羅在自己身邊。在這種有意與無意之間，我們看到，古埃及政府高位的大門始終是對出類拔萃的人洞開的，同時政府也不會輕易放過一個才學之士。

文字的神性

自文字被發明之日起，古埃及人便不把文字看成是普通的記載和交流工具，而是把它神聖化。這從古埃及文字創造的神話體現出來。古代人都喜歡把文字的創始歸結為某位神祇，中國人歸諸倉頡，古埃及人則認為是一個名叫圖特（Thoth）的神發明了文字。圖特神的形象並不是滿腹經綸的儒者，而是半獸半人。他長著朱鷺頭、人身，左手執書寫板，右手執筆，似在專注地書寫著什麼。這種模樣活脫脫便是後來埃及書吏的形象。相傳，他兼管著知識和魔力；正是依靠魔力，他才發明出文字。但是，他發明文字的動機並不是想使人們有一種更有效的交流工具，而是為了記錄更高神的啟示。當最高神太陽神向世人訓諭時，圖特神便用自己的魔力創造出的文字記錄下來，因而，文字一開始便具有了神性內容。

這則神話肯定是在有了文字之後才由後人編撰出來的，而且，它不可能說明文字的真正起源。但是，從圖特神創造文字的傳說內容中，可以看到古埃及文字的特點及古埃及人對待文字的態度。

・圖特／智慧之神

　　重要的並不是古埃及人把文字的發明歸之於某一個神祇，而是這位神祇發明文字的動機。既然文字發明用來記載神的啟示，那麼，文字便不是任何人都能使用和有權研讀的。因為並不是任何人都能接近最高神，聆聽到他的聲音；只有那些與神最接近的祭司和以神為權力源頭的統治者才能理解和使用。

　　這樣，古埃及文字從一開始便被大大限定了使用範圍，成為一種居高不下的特殊工具，使用權也只限定於一小部分特定的人。這種特點在其他文明中是不常見的，儘管在其他文明中也不是民眾能普遍掌握文字，但是，它們從未把對文字的限定上升到理論高度。

　　古埃及人之所以把文字奉若神明，是因為文字在社會中是

秩序和權力的體現，誰掌握了它也便掌握了統治的關鍵。另外，文字記載了神諭以後，文字也便因其所包含的內容而具有了神性，那麼，帶有神性內容的文字是不能隨意變更的。

　　這就如同《聖經》及《可蘭經》等經卷一樣，人們只能理解和實行，切不可加以變更。因為，改變文字的結果便是破壞了內容本身。因而，我們看到，古埃及文字並沒有像美索不達米亞或中國文字那樣，由最初的圖畫文字慢慢過渡到抽象文字，擺在我們面前的古埃及文獻上的文字仍是一個個具體的形象：或書吏盤腿而坐，或鳥兒振翅飛翔，或一隻船揚帆上行，或一隻眼睛流出淚水。這些圖形符號都是古埃及人眼所見、耳所聽的東西，一看到這些文字符號，人們便彷彿看到實際的東西，本是死的形象便成了活的東西，文字變得有血有肉，充滿活力。

　　這樣便有效地保持了文字本身的神性。當許多文明因為圖

・古埃及文字

畫文字的繁雜而進行抽象簡化，從而拋棄了文字的活力時，古埃及寧可捨棄那種簡便而保留這份活力。這充分表達了古埃及人對文字的特定信仰和認識。

文字遠勝於槍

第十八王朝的吐特摩斯（Thotmose）死後，王位繼承陷入紛爭，最後其女兒獨霸王權，與後來的繼位者吐特摩斯三世發生了爭鬥。最後，吐特摩斯三世得勢，他所做的第一件事便是命令手下跑遍全國各地，把紀念物上她的名字全部塗掉，還把她的雕像也全部毀壞掉，丟進坑裡。著名的埃赫那頓（Akhenaton）王在與其妻尼弗爾提提（Nefertiti）王后發生矛盾後，便命人把她的名字從宮殿的裝飾中全部塗掉，而且，在實行宗教改革時，埃赫那頓把所有帶有阿蒙神（Amon）名字的東西全都改為「阿頓」（Aton），自己的名字亦做如此之更改。同樣，古埃及人與赫梯人進行的卡疊什戰役，雖然不分勝負，兩敗俱傷，但埃及人還是在牆壁上描繪了埃及人大敗赫梯人的場景。

把建築物上某個人的名字塗掉或把並不真實的情況進行文字的渲染和誇大是純粹出於洩憤和吹捧嗎？並不是！在古埃及人眼裡，只有把某件事情以雕刻或文字的形象出現，才真正具有價值，才算真正存在。同樣，毀滅了記載某人或某事物的文字，也就毀滅了事物本身，文字本身便寓有某種力量。

這種行為也許同更原始的巫術信仰有關。在原始巫術信仰中，人或事物的名稱和形象都具有魔力，均能代表真實的人和事物本身。咒念一個人的名字，便能真的致人於死地；用針來

刺紙紮的小人，便能使真正的人感到疼痛。原始時代的人往往在洞窟裡描繪獵人狩獵的場景，那並不是為欣賞而從事的藝術創作，而是希望這種場景會發生作用，從而使獵人真的能獵獲許多動物。因此，古埃及人對對手的名字那樣恐懼，必得全部塗掉而後快，也就是為了消滅寓於其名字中的力量。

這並非問題的關鍵。古埃及人之所以對文字誠惶誠恐並奉若神明，是因為文字在古埃及社會中舉足輕重；可以說，古埃及統治者統治埃及用的不是槍，而是文字。為摸清尼羅河漲落的規律，王室每年都要派出官員去測定和記錄水位情況，然後「忠實地記錄在巴勒莫刻石上。」

據文獻記載，至少自古王朝時代起，政府便已開始每年記錄尼羅河水泛濫的高度。厄勒蕃丁石碑上詳細記錄了尼羅河水水位與經濟發展的關係：廿一呎，上埃及普通凶年；廿二～二三呎，上埃及大部分地區旱災；廿四、廿五呎，恰到好處；廿六、廿六‧五呎，全埃及陷於一片汪洋；廿七～廿八呎，下埃及洪水之災；廿八呎，尼羅河變為吞噬人民的猛獸。

可見，文字記錄與古埃及的經濟命運息息相關。每年洪水泛濫後，原有的地界被沖毀，洪水退去的一樁大事情便是重新丈量土地。由於國土皆為國家所有，而非私人所有制，因而，為示公正，劃界必然由國家進行。如果沒有詳細的文字記錄，公正的劃界是辦不到的。修建大金字塔、大神廟及大型水利設施，需要成千上萬的勞動力，這些勞動力如何安排，工程如何規劃，都要由書吏詳細登記、編排，有人說是「書吏的筆、監督者的鞭及工程師的獨創性建造了金字塔。」[3]這句話一點也不錯。

---

❸　巴丁‧J‧凱波：《古埃及文明的剖析》。

此外，記錄宗教節日、法律檔案、王室主要事蹟，均缺少不了文字記錄。正因文字在社會政治、經濟和宗教中有這樣大的作用，所以，對文字的崇拜也不可避免。掌握了文字，也便掌握了統治的鑰匙。

「拉之眼」與「大洪水」

上帝創造人類，又因人類的背叛而毀滅人類的故事，是《聖經‧創世紀》中的名篇。但這一主題的源頭恰恰來自古埃及，是古埃及首先創造了這一神話傳說，而後為《聖經》故事所吸收。

《聖經》中記載，亞當和夏娃因偷吃禁果而被貶下凡界後，生養眾多，他們要付出艱辛的勞動才能糊口，為此心中充滿怨忿，開始無休止地打仗、爭鬥、互相殘殺，而且，誰也不聽上帝的訓誡了。耶和華十分憂傷，後悔造了人，於是決定將所造的人和一切動物從地上統統消滅，但又捨不得把他的造物全部毀掉，只是希望培養一代新的聽話的人。上帝選中了安分守己的挪亞及他的三個兒子，決定讓他們活下去。

於是，上帝預先讓挪亞造好一隻密封的方舟，躲到裡面去。七天後，上帝便下起滂沱大雨，一直下了四十個晝夜，洪水淹沒了整個大地，連最高的山都淹沒了。人、走獸、飛鳥──一切生靈都淹死了。只有挪亞的方舟飄浮在無邊無垠的水面上。大約過了一年的時間，洪水才全部退去，土地重新露出水面。挪亞便同家人一道走出方舟，築了一座祭壇，向上帝耶和華供獻祭品，以感謝他的賜生之恩。耶和華決定今後不再用洪水懲罰人類，他在天上掛出七色彩虹，作為與地上的一切

生命永世和好的標誌。（參見《新舊約全書》）

在古埃及神話中，太陽神拉創造了人類、萬物。他統治著人類，漸漸老起來，於是他的臣民中便有人蔑視他，有的還傳言要殺害他。這使得拉神非常憤怒。

於是，他把眾神召集在一起，對眾神說：「我心裡在想著把我所創造的東西全部毀滅。我想放出洪水，使整個世界成為一片茫茫大海，像開始時一樣，我獨自活著，讓奧西里斯和他的兒子荷拉斯（Horus）留在我身邊。」

但眾神一起說：「就讓你的眼睛下去懲罰國中的叛徒吧！它將把他們全都毀滅。當您的眼睛從天上下去時，沒有一隻人眼能對著它看的。」

拉神聽從眾神的意見，便放他的眼睛哈陶爾（Hathor）去懲罰人類，人們很快就被殺死了。哈陶爾在大地上迅速奔跑，踏著人類的血泊前進。後來，拉神後悔了，他的怒火漸漸平息，便設法營救殘餘的人類。他派眾神採來「美德之草」，做成滿滿七千罈子啤酒，灑向哈陶爾歇息的地方。哈陶爾大喝起來，忘記了屠殺人類。

因此，從那時起，每當尼羅河洪水升起來，淹沒埃及的土地時，人們便向哈陶爾祭供啤酒。當此節日，男人和女人都喝祭供的酒，喝得像哈陶爾女神一樣醉。

兩則神話傳說，都用相同的形式描述了兩種不同的自然災害及其後果。「大洪水」的故事實際上是描述了當時千年不遇的水災，給人類造成很大的破壞。最後洪水退去了，天上又升起了彩虹。「拉之眼」的傳說描述的是大的旱災。「拉之眼」正是太陽神拉的光芒，他日復一日地炙烤著大地，大地一片乾枯。後來，普降甘霖，才緩解了旱情。那七千罈子啤酒不是別的，正是那遲到的大雨。

因此，無論從形式還是內容方面，《聖經》中的這一傳說都是由古埃及傳說中借鑑而來，說明當時埃及文化對西亞的影響普遍而又深遠。

聖母與聖子的原型

在基督教中，聖子是指耶穌基督（Jesus），是上帝派來拯救人類的救世主；聖母是指耶穌的母親瑪利亞（Mary），她以美麗、聖潔而為人稱道。相傳，聖母瑪利亞原來也是一個普通婦女，曾許配給當地的木匠約瑟為妻。但她被天父看中，遂在未與約瑟成婚之前便感聖靈而懷孕。約瑟在無措中想暗中休掉瑪利亞時，天使來報知約瑟，瑪利亞是感聖靈而孕，而且將生下一個名叫耶穌的兒子，耶穌是上帝派來拯救人類的。

於是，約瑟娶了瑪利亞。這就是童貞女懷孕的故事。孕期過後，耶穌降生在馬槽裡。降生之時，蓬華生輝，異香滿室，從四面八方趕到的賢人都來禮拜。長大成人後，耶穌診治民間疾苦，懲罰惡人，追隨者甚眾。最後被釘上十字架，復活升天。

在西方世界，聖母與聖子的傳說婦孺皆知，許多藝術家也便經常以這個故事為藍本進行創作，其中有《受胎告知》等等，但最普遍的則是描繪聖母、聖子在一起的作品，其形象多為聖母環抱聖子的造型：聖母取坐勢，眼睛低垂，文靜而又虔誠；其環抱聖子的姿勢又猶如一位慈祥的母親。聖子則坐在聖母的膝上，頑皮中透著機智。構成一幅既神聖又親切的畫面。

如果我們尋找聖母與聖子傳說的原型，便可推溯到埃及的伊西斯和荷拉斯，甚至聖母環抱聖子的肖像也可在古埃及造型

中找到完整的藍本。在存留下來的古埃及文獻中，我們確實看到了伊西斯懷抱荷拉斯的形象：伊西斯女神坐在石凳上，典型的埃及式正襟危坐，荷拉斯則坐臥在伊西斯的膝上，伊西斯正用自己的乳汁餵養他。這既是一對神的形象，也是母與子的形象。值得驚訝的是，伊西斯也是感應而孕，懷了荷拉斯，同聖母瑪利亞的傳說如出一轍。

相傳，伊西斯為偉大之王奧西里斯的妻子和妹妹，兩人都充滿智慧，以王的名義治理萬民。但奧西里斯的弟弟塞特（Seth）嫉賢妒能，設計害死奧西里斯，並把奧西里斯的屍體投進河裡。伊西斯悲痛萬分，便下決心四處尋找，最後在敘利亞找到了丈夫的屍體，便用船運回，藏在三角洲裡。被塞特發現後，又把奧西里斯的屍體斬為數段，扔進河裡。伊西斯把丈夫的殘肢檢回聚攏，失聲痛哭，並受丈夫屍體的感應而懷孕，生下了荷拉斯。荷拉斯長大後，替父報仇，最終制伏塞特，繼承了父親的王位。

伊西斯與荷拉斯的傳說以及伊西斯懷抱荷拉斯的形象正是聖母子及聖母環抱耶穌形象的原型。這種形象之所以能夠為人接受並廣泛流傳，是因為它最完美地體現了人與神之間的關係。神為人之父，但人又為神之母，是人培育並撫養了神。

無論是荷拉斯還是耶穌，都成胎於母體，由世俗的母親把他培養成人。當人感恩於神的眷顧之時，神其實也在報答人的養育之恩。因而，人神之間的關係並不是冷冰冰的統治與被統治的關係而是殷殷母子情。那樣，神沒有理由拋卻世人不管，獨自享受神仙的逍遙；而應時時牢記自己的根本，念念不忘自己的職責。當聖母瑪利亞痛苦地把耶穌交給世人時，耶穌便注定要與人類同生死、共患難。

救贖與審判

　　「救贖與審判」是基督教信仰中最基本的主題。它主張，人在世時要忍受苦難，虔敬地信奉主。最後，人類將經歷死而復活的過程，得到救贖。復活的人們最後都要聚集在耶穌的審判廳中，接受耶穌基督的最後審判。在那一剎那，每個人都要因自己在世時的行為而被決定將來的歸屬，或升入天堂，或下地獄忍受折磨。

　　關於人類得到救贖的道路，已由耶穌指出並躬自實踐。他接受天父的指派，投胎到人間，以正義和良善的面目出現，治癒人類的病症，懲罰不信主的不義之人，勸誡人們要等待，要忍受現世的苦難，然後經歷死而復活的脫胎換骨，進入天堂而得救。耶穌率先做出榜樣，他從容地被釘上十字架，然後超脫死亡，重新回到天父身邊。他在向人們昭示，人們最後也要走過像他那樣的道路而得救。

　　這一「救贖與審判」的原則在古埃及奧西里斯身上完整地體現出來。首先，奧西里斯本人也經歷了一個死而復活的過程。他雖然是個正義之王，頗受世人愛戴，但命中注定要遭受厄運，遭受其弟陷害，屍體被拋入尼羅河。其妻伊西斯雖找回他的屍體，但被塞特發現，碎屍後再被拋入尼羅河中。但伊西斯意志堅決，一心要救自己的丈夫。於是，她把丈夫的碎屍撿回來，一點一點地拼接起來，並放聲慟哭。其哭聲感動天庭，於是太陽神派出神祇與伊西斯一道救活了奧西里斯。奧西里斯成了死而復活的第一人，並成為掌管冥界的國王，任何人死後都要歸附於他，都要成為奧西里斯。

　　更為重要的是，奧西里斯在冥界擔負起對眾生進行審判的任務。在冥界，他設有自己的審判廳。他高坐在寶座之上，由

· 奧西里斯

瑪特（Māat）女神、圖特神等陪同，審判著形形色色的眾生。任何人，無論窮富，死後都要來到這個審判廳上，讓奧西里斯檢驗其在世的行為。檢驗的作法是，把某個人的心臟同代表真理女神瑪特的羽毛同放在公平秤的兩端進行稱量。如果此人在世時的善行超過罪惡，則會順利通過審判廳，進入天堂；如果罪惡多於善行，則會被判罰入地獄。

因而，基督教所謂人歷死而復活並接受審判的格局，早在古埃及時期便已定型了，儘管換了不同的人，敘述著不同的故事，但其實質的主題並未變動。它在告訴人們，人生多苦，苦的原因在於世界上存在著罪惡，而且，罪惡往往使良善受到壓制。奧西里斯是個完美無缺的人，但他被邪惡之人殺害；耶穌雖然一生行正義之事，但最後還是被叛徒出賣，懸身十字架。但是，罪惡不是世間的標準，正義也不會真的死去；人們不要

為此感到沮喪，而更應該振作。正義之人帶頭勇敢地死去，目的便是激發人們對罪惡的痛恨和對正義的嚮往。

人人警覺，人人激憤，起而維護正義，怒而斥責罪惡之時，便是人類得救之日。古代人對社會和人類作如此之理解，現代人又何嘗不如此？雖然比起古代社會，現代社會在各個方面要發達得多，但是，它仍然沒有消除罪惡。當一個害群之馬被抓住並公之於眾時，並不只是要博得公眾對被害者的同情，而是讓人們作進一步的思考，如何進一步防範罪惡，如何進一步伸張正義。一個正義的人失去了，不能讓更多的正義之人再失去，這才是真正的目的。

十字架與生命

十字架在起源上確確實實是一種死亡的象徵。在古羅馬時代，當某一個人犯了罪，而且罪該處死時，便把他釘上十字架；當戰鬥中被抓獲的俘虜理應成為勝利者的炫耀品時，也被大批地懸身十字架。因此，當時的人們一看到十字架，便想到死亡，想到死亡的痛苦。但是，當一個不平凡的人同樣被釘上十字架後，十字架便改變了其原有的意義和象徵。這個人便是基督教徒的主耶穌。

相傳，聖母瑪利亞未孕而生下耶穌。耶穌慢慢長大，開始在人間濟貧行善，布道醫人，信徒甚眾。耶穌所代表之勢力的強大引起外來統治者羅馬人的恐慌，於是，羅馬人到處搜捕耶穌。最後，由於叛徒的出賣，耶穌被羅馬人捕獲。羅馬人是不願把這位造謠惑眾的人留下的，寧可置之死地而後快。於是，他們把耶穌釘上十字架，讓他痛苦地死去。但是，這位天父之

·古十字架

子是不會真正死去的，他把托胎的屍體留在人間，而真身早已
飛回天上。由此，十字架便不再是死亡的象徵，而具有了生命
及永恆的意義。基督教堂裡懸掛大的十字架，基督教徒脖子上
都戴著一個小十字架，其原因不只是紀念主耶穌，還在於十字
架本身生命的涵義，看到它，人們便看到永生的希望。

　　這種生命與永恆的象徵也寓居在古埃及人的十字架中❹。
古埃及也用一種類似十字架的東西來象徵生命，只不過他們的
十字架與基督教徒的十字架略有不同，它的上方並不是直的，

---

❹　古埃及的十字架其實是象形文字的一種符號（♀），用以指示生命。
　　在古埃及的藝術品和紙草文中隨處可見。

而是一種蛋形弧圈。從形象上看，古埃及人的這種十字架更像人體：橫架像人體伸出的兩隻胳膊，垂直的下半部分像是人直立的雙腿，蛋弧形圖像是人的頭部。古埃及以此符號來作為人生命的象徵，也許是取其類人的形象而已。當舉行盛大的宗教儀式時，神往往把手放在執政者的頭上，然後把象徵生命的十字架授予法老，這樣便可保法老在地上的統治能夠長久，保持不衰的活力。這是神賜予人的珍貴禮物。

雖然古埃及這種象徵生命的十字架源自何處，我們並不清楚，這種十字架是否影響了基督教的十字架，也很難找到線索。但是，我們卻看到，埃及早期的基督徒開始確實是用古埃及的這種象徵物來作為十字架的；只是到後來，才由基督徒的十字架代替了這種象徵物。之所以如此，是因為兩種十字架都象徵著生命與永恆，在這一點上，兩者找到了共通之處。無論兩者在外形上相像與否，它們都是抽象的生命寓居其中的東西，人們握有它，也便等於掌握了自己的生命與命運；這也就是他們對這種象徵物奉若神明的原因所在。

衝破蛇的黑暗

世界上有善也同時有惡，世界存在和發展的基礎便是善不斷戰勝惡的循環。古埃及人的這一認識體現在對太陽由東向西不斷循環的解釋之中。

在古埃及的傳說中，當大地一片黑暗時，拉神駕著太陽船進入冥府，他要通過地府中的十二個依小時分割的地段。第一個小時地段的末尾有一道高大而堅固的城牆，拉神的船到來時，念一套咒語，就有一個城門打開，讓拉神的船通過。在黑

夜中，太陽神就這樣一個地段一個地段地駛去。越往前走，惡魔越多，需要念咒語來制伏，或奮戰一場來擊退他們。那黑夜大蛇阿培普一直想要制伏拉神，吞吃他。其中，在第七個地段中坐著死者的審判神奧西里斯。奧西里斯認為哪些人是好的，就接納他們，讓他們住在冥府中。發現哪些人罪惡重大，就拒絕他們，火蛇立刻撲向他們，把他們拖走。在這危險的地段，黑夜的神阿培普攻擊太陽船。它用碩大的身軀盤繞拉神的房間，猙獰地想吞食他。但是，拉神的隨從跟蛇搏鬥，他們用刀刺蛇，把蛇制伏了。伊西斯念有力的咒語，使太陽船順利地向前駛去，不受傷害，也不受阻擋。在第十二小時地段中，太陽

• 伊西斯與尼普齊斯

神重生了，他進入一條名叫「神聖生命」的大蛇的尾巴中，從它的嘴裡鑽出來；這時，太陽神是一個甲蟲的形狀，名叫「克佩拉」。跟隨太陽神的人這時也重生了。最後一道門由奧西里斯的妻子伊西斯及塞特的妻子尼普齊斯看守著，她們兩人都變成蛇的形狀，和拉神一同進入太陽船。正像世界開始時拉神從大海中舉出來一樣，現在他在黎明中被努神舉起來，接著被蒼穹女神努特所接納。他的光輝愈來愈燦爛；他升到天空，成為正午。

　　古埃及人以這種神話傳說解釋了太陽每日由東方升起、西方落下這一自然現象。由於他們所處的時代及人類的認識水平有限，不可能對此做出客觀的解釋。但是，他們在其中加上了自己的主觀認識，寄託自己的理想與感情。他們認為，世界一直充滿著兩種相對的力量，一種為善，一種為惡，善惡之間無休止地鬥爭，構成世界的主題。當惡佔上風時，世界便會進入一片黑暗。但是，善最後終將戰勝惡勢力，衝破漫漫長夜，迎來黎明。世界便在這種善戰勝惡的過程中得到發展，不斷獲得新生。

　　古埃及人把太陽神放到冥府，具有特別的意義，因為這裡正是區分善惡、懲惡揚善的場所。在這裡，奧西里斯神手握真理和正義，審判著眾人，善者將進入天堂而復活，惡者便遭懲罰而毀滅。更深入地說，奧西里斯的審判無非是每個人對自己的檢驗。因為，善、惡兩種成分本來便存在於人本身之中。如果人一生中讓惡恣意妄為，便成為不為奧西里斯所接納的人；如果人運用自己的意志使良善抑制住罪惡，那麼便成為可望再獲新生的人。因而，社會的發展過程便是不斷淘汰罪人及罪惡的東西而發揚光大良善的過程。

善惡總有報

「善有善報，惡有惡報；不是不報，時辰未到。」對善與惡的區分一直是古埃及人的主題，它不但體現在古埃及人的宗教中，也體現在古埃及人的日常生活中。任何事物，他們都可以區分出善惡，並在其中寄托善終歸戰勝惡的理想。儘管有時善的東西常遭誤解，常受壓制，但最後，惡者必得到應有的下場。這種思想在民間故事中廣泛流傳。

十九王朝時，有兩兄弟，哥哥叫昂普，弟弟叫瓦塔。瓦塔視兄長為父，視嫂為母。但有一次，其嫂用言語挑逗他，遭到拒絕後，便反咬一口，對丈夫說瓦塔想調戲她。哥哥不辨真假，便持刀欲殺其弟。但歸來的母牛事先提醒了瓦塔，瓦塔才免遭哥哥的殺害，到膠樹谷去單獨過活。後來在被哥哥追趕的途中，瓦塔向哥哥說明了原委。昂普後悔莫及，便答應以後弟弟有難時去搭救他，然後回家把自己的妻子殺死。

瓦塔一個人生活在膠樹谷，眾神見他非常孤寂，便造了一個美女陪伴他。瓦塔非常愛這個美女，並對她說：「不要到外面去，免得被大海捉去。」但她不聽勸告，某次出去散步，被海水追趕，一絡頭髮被沖到法老那裡。法老開始喜歡這位頭髮香甜的女人，派人把她抓到宮裡。她到宮裡以後，開始變壞了，唆使法老把他丈夫賴以生存的那棵膠樹砍倒，瓦塔便斷了氣。他的哥哥昂普知道弟弟遇難，便前來膠樹谷找到弟弟的靈魂，使弟弟復活。弟弟變成一頭公牛，馱著昂普到法老那裡，並要求哥哥把這頭公牛獻給法老。公牛進宮見到王妃後，便對那負心的女子說：「看啊！我還活著呢！」王妃異常害怕，便唆使法老殺掉這頭牛。但牛的兩滴血濃在王宮的兩扇大門前，便長成兩棵大樹。王妃走到近前，瓦塔又對他說，「我是瓦

塔，我還活著呢！」王妃更加害怕，於是又要求法老砍掉這兩棵樹。法老又聽從了她的建議，把樹砍倒。但就當王妃在旁觀看時，一塊木屑飛進了她的嘴，於是她懷孕了，生下一子，很受法老疼愛，立為繼承人。老王死了以後，他當上法老，這個人便是瓦塔。他召集大臣審訊了那位女子，並封他的哥哥為一國的嗣君。❺

在這個故事中，充分體現了古埃及人靈魂轉世的觀念。他們認為，人一生中要經過幾次輪迴，最後再變成人而復生。瓦塔由人變牛、變樹再變人的過程便說明了這一觀點。這與印度的靈魂轉世說並無不同。但是，古埃及人並不讓輪迴和轉世成為一個簡單的過程，其中加上自己的情感，那便是善與惡。善者將始終得到人的愛護和神的眷顧；相反，惡者儘管一時得逞，也不會有什麼好結果。

這種對善與惡的理想和感情同時體現在許多方面。奧西里斯神因善而死，又因善而活，成為主持正義的冥王；太陽神代表著善，每天都要經歷一次戰勝惡神阿培普蛇的過程。在地獄中，起關鍵作用的神職也是正義之神「瑪特」。因而，古埃及人是一個講求正義立國的國家；不但普通百姓要正直和誠實，就是高高在上的法老也要主持正義：他身為太陽神的兒子，肩負的主要職責便是要維持「瑪特」，即維持真理和秩序。如果他有所違背，人們便可對他指責；同時，在來世也將得到天神的檢驗。

普通人更是如此，人的一生所為要在來世得到檢驗，他的心臟便要同代表正義的女神瑪特放在一起稱量。如果他一生多作惡，必然遭罰；如果一生行善，則必得好報。古埃及人在這

---

❺　詹姆斯：《古代埃及導引》。

種來世和轉世故事中所表達的正是現世的要求。古埃及並不是一個法制國家，而是一個人治國家，其中倫理道德對統治起著很大的作用。人人向善，人人棄惡，便會使社會能夠向著和平安定的方向發展。古埃及人在「兩兄弟」的故事中便寄託著這種感情。

善與惡無非人們對行為的劃分。當行為本身對自己、對他人和對社會都有利時，人們便歸之為「善」；當行為本身對他人和社會造成損害時，人們便歸結為「惡」。這種劃分絕不是根據某一個人的主觀意願而定的，而是出於公眾的心理。

當法律還未健全時，人們便用這種倫理道德來約束人的行為，去惡揚善，使人的行為向著有利於社會的方向發展。甚至在現代社會，除了運用法律手段外，人們還用這種倫理說教來教育人們。這種「善惡終有報」的說法並不是迷信，而是維持一個社會健康發展所必要的理論武器。

Chapter 2
獨特的事物，獨特的理路

能同化亞歷山大大帝的古埃及

　　偉大的馬其頓帝王亞歷山大（ALexander）晚年在古埃及度過，完全沈迷於神諭之中。有一次，亞歷山大在他的內殿對古埃及神做了一次特殊的私人謁拜。從那時刻起，他完全相信了神諭的真實性。沒有人能說出在內殿裡發生過什麼事情，因為亞歷山大拒絕泄露神諭的一個字；甚至對他的朋友也如此。可是他給母親寫信說，他得到了很偉大的指示，同時在他們見面的時候，他將把這些指示傳授給她。但在與母親見面以前，他就死了，而且把這個祕密帶到墳墓裡。

　　在他的晚年，未經過派遣使者去請教神諭以前，他從不執行任何重要的計畫。亞歷山大在臨終前，只有一個希望。他忘掉了他的母親，忘掉了他的家，也忘掉了他的帝國和他所有的一切，他想到的只是他居住在埃及的那小塊綠洲，想到的只是必須把他埋葬在阿蒙神的旁邊。但他的願望並未實現，因為托勒密（Ptolemy）拒絕這樣做，他堅持把亞歷山大的屍體運到亞歷山大里亞（ALexandria），埋葬在早已為他準備好的墳墓裡。❶

　　亞歷山大，這位叱咤疆場的人物，曾使許多民族聞風喪膽，其足跡甚至踏到遠方的印度，而且，他還是一個博學多聞的人，曾是希臘著名哲學家亞里士多德（Aristotle）的高足。但是，在古埃及，他卻停住了腳步，並從世俗轉向神祕。他之所以走到這一步，有兩個原因。

　　（一）是被古埃及人巨大的文明和智慧所震撼，這就如同以後的拿破崙一樣。雖然這個國家已經落入異邦之手，但它文

---

❶　參見費里克《埃及古代史》。

化上的優勢與力量是任何人都征服不了的。當亞歷山大轉而向神求助一切時，其實是為古埃及文明所征服。因而，我們說，古埃及文明就像一個大熔爐，凡是到來的人，無論是崇拜者，還是征服者，都會被同化。從希克索斯（Hyksos）人到希臘人、羅馬人，沒有一個國家能徹底改變古埃及的一切，尤其是從文化上改變，而最後卻都被它同化了。前來統治埃及的異邦人最後都成了地地道道的埃及人，只不過，亞歷山大表現得更為極端而已。

（二）是亞歷山大之所以如此，也許並非真的沈迷於此，而是出於政治考慮而採取的行動。古埃及是一個特別注重傳統的人，任何人尊重他們的傳統及他們對神的信仰，便會受到歡迎，否則，便會遭到反抗。波斯人雖然征服了埃及，但是，由於他們粗暴地對待埃及人，尤其是置古埃及人獨特的信仰和風俗於不顧，便不斷遭到古埃及人的反抗。亞歷山大的到來是被當作「解放者」來歡迎的，古埃及人希望亞歷山大做王，做一個真正埃及式的王。亞歷山大也深知波斯人所以受痛恨的原因，於是吸取他們的教訓，決定尊重古埃及的傳統。到埃及後，他謁拜古埃及的神廟，並對神獻祭；他還按照傳統的精神，以阿蒙神之子的身分當上法老。古埃及完全接受了他，因為他的到來，使古埃及的傳統得以延續，國家得以延續。

由此，我們可以看出埃及人的性格。埃及人是一個非常寬容的民族。這主要表現在它可以大度地容納前來埃及的異邦人。希克索斯人並不是一下子攻入埃及的，而是逐步前來埃及的，埃及人允許他們居住並給他們地盤，甚至他們開始在三角洲稱王時，古埃及人也並未因此而大動干戈；希臘人慢慢滲入古埃及，古埃及人也同樣善納了他們，並給他們劃出一方土地，讓他們按照希臘方式生活。但是，這種寬容是有限度的，

如果這些異邦人在埃及領土上不尊重埃及的文化和信仰，而古埃及人感到傳統受到挑戰時，便會由寬容轉為對抗。

希克索斯人遭到反抗的原因是因為它的國王阿培彼派遣使者到底比斯，命令埃及人停止信仰阿芒神及其他埃及神，並要求崇拜亞洲神蘇太克（Sutekh）。這使古埃及人真正感到了威脅，於是怒而把這些異邦人趕出埃及領土。同樣，波斯人儘管強大，但是由於不尊重古埃及的傳統，也遭到古埃及人堅韌不拔的反抗，以至於他們始終不得安寧。正是這種寬容與韌性的結合，使得古埃及人從未被真正征服，保証了自己獨特的傳統延續不絕。

儘管在幾千年的歲月裡，風雨變幻，王朝更迭，但古埃及獨特的精神一直像金字塔一樣永恆地存在著。

逆流的河

古埃及人面對西亞的那條幼發拉底河（Euphrates），無法表達自己的疑惑和震驚。在他們的心目中，河流自南向北流才是正途，養育他們的尼羅河便是如此。而幼發拉底河卻反其道而行之，偏偏由北向南流，這是多麼偏離古埃及人的常識啊！就如同太陽西升東落一樣令人難以理解。

於是，他們鄭重其事地記下這一奇怪的現象：「那條反向的河，在逆流時順流。」 ❷（That reversed water that goes downstream in going apstream）。至今，這一著名的句子仍完整地保留在吐特摩斯一世的方尖碑上。

古埃及之所以寫下這一奇怪的句子，稱幼發拉底河為一反

---

❷　詹姆斯：《古代埃及導引》，大英博物館出版社。

向的河流，是因為他們已經習慣了尼羅河的流向，形成了一種固定的思維，只有在比較中才能理解。而且，在解釋埃及之外的其他事物時，也先從本土的觀念出發。

在古埃及，並沒有抽象地指示向南、向北的詞彙，而是把對這種方向的指示與尼羅河聯繫起來。尼羅河由南向北流，但古埃及的季風卻一成不變地由北向南刮。當船隻由北向南時，逆流但順風，於是他們扯起風帆，借風力而前行。當船隻由南向北時，他們便可順流而下。正因為有這樣不變的規律，他們的頭腦中形成一種定見，也同時為他們表示向南、向北提供了便利的途徑。他們乾脆把「向南」稱為「逆流而上」（Upstream），具體到象形文字上便是一隻有帆的小船；把「向北」稱為「順流而下」（Downstream），具體到象形文字上便是一隻沒有帆的船。這樣的表述對古埃及人來說，既直觀又形象，只要他們一看到這種圖畫，便會立即明白其中的含義。

但是，這種指示法是完全從埃及本土，從尼羅河出發考慮的，其適用的範圍非常狹窄，界定的地區非常有限，於是，當他們見到一條與尼羅河完全相反的河流時，原來認為理所當然的事情不再理所當然，他們的思維定見便受到衝擊。他們試圖用自己已有的含義狹窄的詞彙解釋，於是便出現了這樣一個奇怪的句子（那條反向的河，在逆流時順流）。這個句子也許只有古埃及人看得懂在講什麼，其他人如果對古埃及不了解，則很難明白。可以想見，當古埃及人艱難地寫下這個句子時，腦子裡已經不知痛苦地轉了幾個彎了。

在這個奇怪的句子背後，其實蘊藏著古埃及人濃厚的本土中心觀念。他們認為：「埃及是地球的中心，是神祇的居住

地，古埃及人是神的選民。」❸因而，他們作為埃及人，感到非常自豪，思考問題也總是以埃及為出發點。以此為基礎，形成深深的戀鄉情感。即使死在國外，或由於某種原因遠離家鄉，也總是想方設法回國安葬。因為，他的生活習慣、思維方式都深深打著埃及的烙印，只有以這裡為基點，才能發展自己，找到心裡的平衡。

中王國時期的一位王宮侍者，在宮廷政變後怕自己受到牽累，便逃出埃及，歷盡艱辛，到達上里特努。那裡的統治者友好地接待他，並給他以土地，還把自己的長女嫁給他為妻。他以自己的能力和勇敢獲得了地位和財產。但是，他並不感到高興，反而體會到身居異國的孤獨，越來越眷戀故土，後來決心「葉落歸根」。

於是，他向神祈禱：「是哪位神引導我來到這裡的？請憐憫我，帶我返回家鄉吧！你肯定會讓我看到我心嚮往的地方！更重要的是，我的屍體應該埋葬在我的出生地！請幫助我吧！當我身居異鄉，死神降臨時，我該怎麼辦呢？神啊！請同情我吧！」從這祈禱詞中，我們可以看出，離開家鄉對他來說是多麼惶恐的事情，死在他鄉更是不能容忍，財富和地位並不能蓋過那濃濃的思鄉情。最後，國王答應了他的請求。他欣喜若狂，把財產交代給自己的兒子之後，便立即返回了。❹

這種以埃及本土為主的思維觀念雖然狹隘，雖然保守，但這對在地理上基本位置處於封閉狀態，基本上是在獨立發展的

---

❸ 漢尼希、朱威烈：《人類早期文明的「木乃伊」──古埃及文化求實》。

❹ 漢尼希、朱威烈：《人類早期文明的「木乃伊」──古埃及文化求實》。

古埃及文明來說，那種狹隘的觀念所產生的戀鄉情感和民族自豪感卻有著有益的作用。人人處處心繫國土，便會形成一股強大的凝聚力，這種力量是任何強制手段所無法達到的。

「一方水土養一方人。」一個人所處的地方不但養育了他的身體，而且也培養了他的思想和思維方式，使他獲得了生存和發展的基礎。眷戀故土雖然有狹隘之嫌，但是，沒有故土的養育，他便失卻了賴以存在的基本條件，從而找不到發展的出發點。有許多人長大後可能離開故土，到異地尋求發展。但是，無論在異地取得多大的發展，他總不能完全抹去故土賦予他的思維方式，這種思維方式反而使他處處受益。

「葉落歸根」，其實是對自己文化之源的再尋求，是精神的再回歸。這種感情絕非「愛國主義」所能表達；它不是一種信仰或主義，而是一種本能。

實用是關鍵

有一種曆法，古埃及人使用起來一直樂此不疲，那便是「自然曆」。它把一年分成三季。尼羅河開始泛濫作為第一季的開始，泛濫一般持續四個月，這一段在古埃及稱「阿赫特季」；水開始消退，田野復從水中露出，開始第二季，這一季也大致持續四個月，稱「佩雷特季」；作物成熟並開始收割，為第三季的開始，也大約持續四個月，這一季稱「舍毛季」。新的泛濫重新開始，便是一年的結束及新的一年開始。埃及人並不滿足於這種籠統的劃分。

根據長期的觀察，他們得出結論：尼羅河大致每隔三百六十五天泛濫一次，依漲落而劃分的三季大約共有十二個月，每

四個月相當於一季，每個月又劃分為三十天，歲末再加五天。這樣，他們便得出了大致精確的曆法。這種曆法既和精確的天文曆相當接近，又照應著尼羅河漲落的規律，可謂一舉兩得，難怪古埃及法老王朝把這種曆法設定為官方欽定曆法。

這種自然曆及由此產生的欽定曆法雖然流行，但並不精確。用尼羅河漲落作為制定曆法之依據，其不科學性和偏頗性是再明顯不過的了。尼羅河雖有規律，到底是一種易於變化的自然環境，氣候等各方面的變化都會影響漲落的遲與早，河流的上漲幾乎每年都不可能在同一天的同一時刻發生，而且每季的長短每年均有所變化。

因此，以這種易變的自然因素作為精確固定的曆法之依據，無疑會出現很大的偏差。其欽定曆法規定每年為三百六十五天，實際上比精確的天文曆法每年要少四分之一天，也就是每四年少一天。這樣的差距在開始時是「差之毫釐」，但在久遠的歷史長河中卻是「失之千里」，以至於欽定年每年的始終到了佩雷特季中期。於是便出現了一些矛盾的現象：本來是泛濫季節的阿赫特季，他們卻用代表植物生長的荷花池塘來表示；本來是乾旱季節的舍毛季，他們卻用代表水的符號來表示。

然而，精確並非古埃及人所追求的目標，實用才是關鍵。滾滾的尼羅河為古埃及人的母親，只有隨著母親的脈搏跳動，才最安全。依照尼羅河的漲落來劃分季節，既符合尼羅河的自然韻律，又貼合農時。儘管尼羅河的泛濫有早有晚、有長有短，但這對埃及農民而言根本無所謂，他們所關心的只是泛濫是否到來，農業是否有保障。

古埃及文明是一個以農耕為基礎的文明，國家的命脈全繫於農業收成的好壞，人民的生活也賴於此。只要尼羅河能夠正

常地泛濫，只要這種規律一點也不破壞農時，哪怕再不精確，他們也樂意接受。這同中國廣大的農村一樣，雖然知道陽曆，但仍慣於用陰曆來安排農時，許多農諺也是依陰曆來說明季節變化。之所以如此，只能有一個解釋：它比較實用，比較貼合自然的韻律。同時，一種曆法一旦形成，習慣的慣性便會持續很久。以尼羅河漲落為基礎的欽定年每四年少一天，後來亦被埃及書吏發現；托勒密三世便曾頒布詔書，試圖加以糾正，但埃及人並未接受。

我們只從尼羅河的泛濫而推演到自然曆法之不精確云云；但是如果我們逆推，也就是從曆法的精確與固定性質反推到尼羅河泛濫，便會得到一種啟示；也就是，古埃及人把精確的曆法同易變的尼羅河聯繫在一起，是想用曆法來控制和命令尼羅河，想讓尼羅河的泛濫與消退像曆法一樣準確、及時。這種作法完全符合古代社會人們的心理和特點。

在古代，人類尚處於幼稚階段，對自然的依賴性很大。在他們的心目中，自然條件並非自然形成，而是有某種神靈在作怪。如果供奉得使神祇高興，便會風調雨順；如果人們一時疏忽，冒犯神靈，或這位神祇不顧人之敬奉而肆意妄為，以至於給人們的生活造成很大的破壞，那該怎麼辦？難道就只能坐等而逆來順受嗎？絕不是，古代人有調解人神矛盾的辦法，那便是巫術。

在巫術活動中，人無疑成了主動者，其對手大自然便成了被動者。古埃及人又何嘗不如此！他們並不像我們現在那樣了解尼羅河水的泛濫是由源頭高山的積雪融化所致，而認為是由伊西斯的眼淚造成的，哈辟神操縱著這條河水。因此，他們必須周到地侍奉他們，因為古埃及人無法忍受哪怕是一年的泛濫不至。因而，在享受這種上天賜禮的同時，他們的心也不免始

終懸懸。為得到某種安定的保証，他們也便實施某種類似巫術的辦法來對神祇的所作所為進行控制，曆法便是手段之一。曆法本身的特性是精確、固定，那麼，既然尼羅河水的泛濫周期被劃成了曆法，它就應該像曆法一樣精確。

當古埃及人為每次泛濫到來而歡呼，慶祝其預測之勝利時，現代人卻在推測其曆法精確與否，這難道不是一種歷史的隔閡嗎？

哈辟神的自白

有一位神祇，一直得到古埃及人的奉祭，人們認為他能給人類提供食物，使人類得以生存，又能給植物送來水分，使植物得以生長。其象徵物在上埃及是荷花——上埃及的國徽，在下埃及是紙莎草——下埃及的國徽。他的形象是一肥胖的男人，滿臉絡腮鬍鬚，但卻有著大肚子及女性乳房，頭戴著紙莎草編的王冠，手裡拿著盛水的陶罐。每當尼羅河水開始泛濫的那一天，人們便紛紛往尼羅河裡投祭品和紙莎草寫的祭品單，祭祀這位神祇並進行狂歡。這位神祇便是尼羅河神，古埃及人稱之為哈辟（Hapi）。

為什麼古埃及人把哈辟神刻劃成這樣一副不男不女的尊容呢？難道這純粹是埃及人的一種特殊幽默嗎？絕不是，它是古埃及人對尼羅河脾性的生動描繪：既具有女性的陰柔與養育之德，又具有男性的剛烈。其陰柔與養育的一面來自其獨特的漲落，這樣的漲落那樣有規律，世界上任何大河都不能與之匹敵。它每年五月末處於最低潮期，六月，上游開始上漲，八月迅速上漲，接著到九月份、十月份再次上漲後便下降，一直到

來年五月末。再次上漲的結果都造成河水泛濫，河水沖出河堤，自動而又全面地灌溉了周圍的田地。而且，每次泛濫都給土地帶來一層厚厚的淤泥，它肥沃而又濕潤，不但便於耕種，而且基本上不用施肥便能長出好莊稼。這樣，農業發展所需要的兩個要素——水與沃土，全在這一漲一落之間完成了。其剛烈的一面是說，尼羅河每次泛濫灌溉了周圍的土地，但在大部分情況下，也同時淹沒了村莊、牲畜，甚至居民，好的、壞的全被那狂虐的波濤捲光沖毀了，造成的損失不可低估。河水退去後，露出的田野肥沃而又滋潤，但這肥沃而又滋潤的土地又儼然一片廢墟。因而，在得益於尼羅河獨特之漲落的同時，古埃及人亦不可避免地面臨兩個艱巨的任務：（一）是抵擋洪水到來的襲擊，把洪災減至最低程度；（二）是在河水退去後，在廢墟上重建家園。尼羅河不停地漲落循環，他們也就要不停地重建和搏鬥。

因而，哈辟神的雙重性格也刻劃著古埃及人的理想和特點。他們既要控制泛濫，又要利用泛濫。這是一種矛盾，有效地平衡好這一矛盾是文明發展的關鍵。依靠自己的智慧，成功地平衡它，才能使自己擺脫單純受制於尼羅河漲落的地位，從而自主地利用和改造尼羅河，變害為利，變利為寶，使尼羅河成為真正意義上的賜禮。

拿破崙的震驚

一七九八年五月，勇敢善戰的拿破崙率領三萬大軍，浩浩蕩蕩開進埃及的領土。他們沿著尼羅河南下，意欲征服埃及全土。當他們到達魯克蘇（Luxor）附近時，雄偉的古埃及金字

塔與古建築群突然出現在他們眼前，似乎一下子邁入了幾千年前的歷史當中。拿破崙和他的士兵都驚呆了，看著這片廢墟，情不自禁地放下手中的武器，腦中一片空白，似乎悟到了什麼但又說不清、道不明。拿破崙更是激動萬分！最後，他打破沈寂，站到高處，對那些啞口無言的士兵高喊：「士兵們，四千年的歷史今天從這些金字塔上面看著你們！」

在這經歷幾千年風風雨雨，傲然屹立的金字塔面前，似乎一切都變得渺小了，變得沒有意義了，勝利與失敗、光榮與屈辱，世間的紛紛攘攘，人們的爾虞我詐，都成了微不足道的小事。歷經幾千年風雨，幾度王朝興亡，幾度兵戈相見，但一切的一切都隨著時間的流逝而隱入歷史，或被歷史淹沒得無影無蹤，唯獨這些金字塔和古建築一直冷漠地注視著人間的滄桑而不為所動，靜靜地與時間抗衡。面對著它，士兵們無法不把武

・人面獅身與金子塔

器拋在地上，無法不變得啞口無言。因為他們已分辨不出歷史與現實，也找不到自己的位置。

　　拿破崙及其士兵之所以被震驚，絕不只在於金字塔的雄偉，也不在於初次見到金字塔的新奇，而在於金字塔本身所透出的一種內在的力量。這種力量超越了時間和空間，超越了歷史與現實，使他們的內心發出不自覺的震顫。這種力量是巨大的，足以使他們的心理失去平衡。也許拿破崙並不甘心於這種力量的無形，他要追根究底，找出密封在這種古建築物之中的祕密。於是，他命令士兵抬來大炮，對準金字塔旁神祕的獅身人面像。但是，這種現代化的武器毀去的只是獅身人面像的面容，他們並沒有得到解釋。那麼，使他們震驚的力量到底來自何處呢？

　　讓我們首先在近處審視金字塔。金字塔，**巍峨**而又高大。在拉斐爾鐵塔建成以前，它是世界上最高的建築物，由幾十萬塊巨石壘成，每塊重達幾噸。站在它面前，我們無法推知它的重量，任何人，哪怕是多麼了不起的偉人，都會感覺到自己的渺小，都會在精神上感到無形的壓力。這種龐大的體積和重量透出的力，使得我們在它面前直不起腰來，以至於我們會忘記它是一個埋葬死者的死物，而把它看成一個充滿無窮之力的巨**魔**。一方面，它死死地密閉著死者的屍體；另一方面，它又對外透射著莊嚴的威力；兩者的反差會使我們忘記生與死的鴻溝。它的基座寬大而又穩固，牢牢地立於地面，真正具有堅不可摧之勢。它已經在那裡屹立了幾千年，人們也很難想像它有一天會轟然坍塌。向上，三面體的匯集構成一只尖角，直指天空，似乎在用力飛升，極力想投入天母的懷抱。這就如同哥特式建築一樣。哥特式建築的頂又細又長，輕巧得可以直飛天空。一方面，金字塔牢牢地紮根於大地；另一方面，它又竭力

與天空觸接，成了連接天與地的階梯。其意義是不言自明的。法老是萬民之主，統治著地上萬民；作為拉神之子，又有著不朽的特性，死後必歸其在天之父。因而，可以說，金字塔是一座超脫生與死的紀念碑。這雄偉的金字塔把死固定；又把生固定，它揭示著過去，又代表著現在，還昭示著未來，把時間和空間全部凝固在其中，把人類生與死的全部祕密全都體現出來。拿破崙及其士兵所受的震驚不是別的，正是金字塔所代表的永恆與無限對人類有限與狹隘的挑戰。

如果說僅是金字塔外表透出的力便使拿破崙感到震驚，那麼，金字塔本身所透出的智慧便足以令他傾倒。金字塔之所以成為這種形狀，有一個不斷演進的歷史，同時也是古埃及的智慧發展史。金字塔的前身為馬斯塔巴（Mastaba），是阿拉伯

· 馬斯塔巴

語「凳子」一詞的譯音。馬斯塔巴為梯形墓，也由地下墓穴和地表建築兩部分組成。但這種形狀和式樣實用成分多而美學成分少。也許古埃及人注意到這一點，於是加以改進。到左塞王（Zoser）時，便出現了六級梯形平頂四面錐體陵墓。建築家一次次修改，把馬斯塔巴一層層增高，形成了最初的金字塔。建築師大膽嘗試，不斷創新，使陵墓的建築水平有了質的飛躍，原先平臥在大地上的陵墓拔地而起，更確切地體現了法老的榮耀。到美杜姆（Medum）時，陵墓成了七級形狀，而且，建築師把階梯填平，使之成為一種平直的斜面。

這樣，經過不斷地探索，古埃及人終於走到了真正金字塔的前沿。到第四王朝的開國君主斯尼弗羅（Snefru）時，真正的金字塔出現了。這時共出現兩座金字塔，南面的金字塔先以54º27′的傾斜度建造，但是到了四四‧九米高時突然改成43º22′的斜面內收，最後高度為一○五米，形成特有的彎塔。彎塔的存在便是當時的建築師探索和嘗試的活見証。也許經過這次失敗以後，真正完美的金字塔出現了。北面的那座金字塔便呈現出標準的三面直角錐體。因而，從金字塔的發展過程中，我們看到其中凝聚多少人的智慧和辛勞。

儘管金字塔是一步步發展起來的，但現代人面對金字塔仍然感到撲朔迷離，從而使金字塔永保迷人的魅力。胡夫（khufu）金字塔用二三○萬塊巨石疊成，每塊重約三噸。那麼，古代人是如何把這些巨石運到建築工地，又是怎樣把它們運到那麼高的地方？胡夫金字塔的方位角異常準確，正北，僅偏西0º23′30″。古埃及人是怎樣測量和在建築中進行把握的呢？它的高度乘上十億，大致相當於地球和太陽間的距離，即一‧五億公里；穿過這座金字塔的子午線，正好把大陸和海洋平分成相等的兩半；這座金字塔的底面積除以兩倍的塔高剛好

是著名的圓周率 π。這些難道都是巧合嗎？

據說，進入墓室的通風口處還有著強大的磁場，如果在那裡手執一把菜刀，那麼強大的磁力會使刀刃變得特別鋒利。這難道是無意中出現的現象嗎？前幾年還有報導說，在古埃及金字塔發現了一隻靈貓。這類貓種是古埃及時代的種類，現代早已滅絕。這麼說，這隻貓在金字塔裡封閉了幾千年。那麼，它是如何生活的？這種種現象，不能不使我們倍感神祕不解。甚至有人推測金字塔純粹為外星人所建造。

如果狂妄的拿破崙具體地了解了金字塔的這種種特點，那麼，他感到的便不再只是震驚，而簡直就要匍匐在地，對它頂禮膜拜了。

當我們以現代人的科技和現代人的思維而自傲時，往往容易忘卻古人，覺得他們都是愚昧落後的過去。其實，現代人正是踩著古人的腳印一步步發展過來的。我們今天仍然處處使用著古人的發明，承繼著古人的傳統，只是不自覺而已。而且古人在某些方面表現出來的聰明才智常使現代人難望其項背。當我們面對那幾千年前的金字塔時，誰還會發出「古人不抵現代人」的感嘆呢？

光頭與假髮

古埃及人是一種慣於把頭髮和鬍鬚剃光的人，他們不願意讓這些毛髮亂蓬蓬地自生自滅。希羅多德說，古埃及人只有在面臨喪事時，才讓頭髮和鬍鬚生長，其他時間都要把它們剃

掉。❺如果誰不小心忘記了，讓毛髮生長出來，那便會被人們大大羞辱和嘲笑一番；如果藝術家在畫中給某人添上一撇小鬍子，那是在說這個人是個不入流的低等人。如果在國王的下巴上留下鬍子，那就是在諷刺國王是個玩忽職守的人。當埃及的士兵征戰，進入亞洲，見到亞洲人保留著頭髮與鬍鬚，便斷定他們邋遢和不雅，因此，亞洲人的長鬍鬚通常成為埃及士兵取笑的對象。那長髮、大鬍子的希臘人也通常為他們所厭惡。這種剃毛髮的習俗不只限於埃及本土的人，也施之於被抓來的外國俘虜。這些俘虜在剛剛到來時，是長著大鬍鬚的，但是一旦他們被編入工作隊伍，毛髮便不允許再存在，要遵從其主人的習俗，把頭髮和鬍鬚剃掉，然後戴上一頂緊貼頭皮的小帽。即使是小孩也不能免於此俗，他們的毛髮也要被剃去，只是在前面、邊上和後面留下幾撮毛。

　　為什麼古埃及人這樣厭惡那自然生長的毛髮呢？為什麼非要整齊劃一地把它們去掉呢？希羅多德心中也曾縈繞著這一問題。他找到了一個奇怪的解釋。他認為：光著頭直接接受太陽的曝曬會使人的頭顱變硬，從而比長著毛髮的人頭顱硬得多。他曾參觀過一個戰場，在那裡，埃及人和岡比西斯的軍隊剛打過仗，屍體仍然散落在那裡，波斯人的屍體在一邊，埃及人的屍體在另一邊。他觀察的結果，發現古埃及人的頭顱特別堅硬，用大石頭都很難把它砸開；而比較起來，波斯人的頭顱特別軟，用一小塊鵝卵石便能把它砸個洞。於是，希羅多德得出結論：古埃及人由於有從小便剃去毛髮的習俗，因此，骨頭變得越來越硬；而波斯人由於一直讓毛髮蓋住頭部，或戴著帽子，不讓太陽曬著，因而骨頭越來越軟。

---

❺　希羅多德：《歷史》。

對希羅多德的這種解釋，我們用不著仔細推敲便知沒有一點科學道理。那麼剃毛髮的習俗肯定有其他原因。也許，這種習俗同埃及人特有的潔淨有關。古埃及人特別愛乾淨，尤其在宗教儀式中，不潔被認為是對神的大不敬。因此，當進行祭拜活動時，即使是國王，也必須進行沐浴更衣。對祭司的要求更加嚴格，他每隔三天便要把全身刮一次，白天和晚上要各洗兩次澡。正因為他們這樣愛乾淨，所以不願讓容易藏污納垢的毛髮存在。

但是，如果他們真的由於乾淨才這樣做，那麼，他們就不會再找一種頭髮的替代品——假髮。我們發現，儘管古埃及人把自然生長的毛髮剃掉，但他們卻喜愛用假髮裝飾頭部。事實上，古埃及人很少讓自己的頭部直接面對太陽，國王和官吏們總是戴著各種各樣的假髮，普通百姓也通常戴著一種緊貼頭皮的小帽。除了假髮之外，他們還有假鬍子。他們不喜歡自然生長的毛髮，但卻喜好這種不自然的假髮，也真是一件令人困惑的事情。

剃去頭髮與戴上假髮確實是一對矛盾的行為。但是，正是在這矛盾中我們找到了答案，明白了古埃及人的用意所在。毛髮是自然生長的，它長出的形狀和樣式，無人能夠控制。即使是國王和達官貴人，也可能長出亂蓬蓬或者稀落落的頭髮；即使是最卑賤的人，也可能長出一頭漂亮的秀髮。對強調國王的光輝形象及有等級之分的古埃及社會來說，這種自然生長的東西不合規矩。相反，假髮雖然麻煩，但它們卻可以按照人的意願進行製作，那麼，人便能達到控制的目的。

這樣，根據假髮樣式的不同，便能一眼分辨出等級。事實上也確實如此，古埃及人的假髮也不是隨便什麼人都能戴的，而且，每種假髮的樣式都有嚴格的規定。國王有國王的樣式，

大臣有大臣的樣式，平民有平民的樣式，不得僭越。有些下層人則根本無權戴假髮，而只能戴一頂緊貼頭皮的小帽。

假鬍子也有此講究。一般人的假鬍子較短，只有兩吋長；國王的則很長，底部是方形；神的假鬍子則在尾部翹起。

這種假的鬍子和頭髮把神、國王、大臣及平民分出等級和秩序。這種行為不但同古埃及人的等級觀念相聯，而且同他們把自然模式化的特點相聯。因此，剃去毛髮和戴上假髮並非一般的愛好，而是有著深刻的政治動機和思想動機。

也許，我們對古埃及人的這種行為感到可笑。其實，可笑的並不是古埃及人。中國古代為了使婦女的身體看起來更像婦女，便把她們的天足硬裡成尖頭形狀；清末，剪或者不剪長辮也便成為革命與否的有力憑証。在歐洲中世紀或近代，戴上一頭密密的假髮，再穿上一件燕尾服，便成為紳士；甚至在現代的歐洲法庭上，法官不戴假髮也稱不上威嚴的執法官。

說到底，光頭也好，假髮也好，裡足也好，都只是顯示身分與地位的一種標誌，手段不同，目的同一。天生的身體大同小異，但生活在社會中的人又確確實實各有不同，分成三六九等。於是人們想在身體方面略示區別，當身體本身無法區別時，便採用輔助性的東西，一頂禮帽，一根拐杖，一件衣服便區別出不同。平民穿龍袍為大逆不道，而皇帝穿破衣爛衫亦為不雅，這些東西本身都帶上了神聖的意義。睹物如見人，人變得神聖了，衣服和髮式也成了專利品。即使是現在，不同行業的人也會以不同的服裝加以區別，只是這種區分已失去了原有的等級不同的含義。然而，「以物取人」、「以貌取人」的思想並未在人們的頭腦中消失，這大概是古人習俗的流傳吧！

很早很早以前，咱們孔老聖人便後悔「以貌取人，失之子羽。」但到現在為止，還有許多人並未在其中悟到點什麼，頭

腦深處仍然演繹著古埃及人「光頭與假髮」的儀式。

萬事家中知

「人在家中坐，便知天下事。」這句話的意思絕不是說，一個人整天把自己關在家裡，兩耳不聞窗外事，便神仙般地什麼事都知道了。而是說，這個人雖然由於種種原因待在家裡，但他善於利用任何難得的渠道獲得外面的信息。應該說，這種人是一種更善於交往的人。

古埃及人便善於這種家中的對外交往。儘管家庭一般是一種封閉的所在，但是，他們總是盡可能建立一個對外開放的渠道。這反映在古埃及人對房屋頂部的設計上。他們的房頂一般都是平平的，有通道直通其上；無論鄉村還是城鎮都取這一式樣，甚至開羅的現代化房屋也沒有什麼改變。閒坐無事時，人們便會不約而同地爬上屋頂，與鄰人攀談。在閒談當中，每人便把在外所看到或經歷的新鮮事互相傳給對方。應該說，在沒有報紙等現代通訊設備的時代，這種口傳法不失為有效的傳播工具，而這種房頂的設計為此充分提供了便利。

據說，在法老時代，一個人在掘葡萄園時，偶然挖到滿滿一罐黃金。歡喜之餘，便準備跑回家向妻子報喜。但在路上思忖道：女人的嘴巴是不嚴的，那樣便會丟掉這些財寶。因此得先試驗一下妻子是否可靠。於是，他一到家便招呼妻子，說有非常重要的事情要告訴她，問她能否保守祕密，妻子利索地答道：「當然！你看我什麼時候背叛過人?!到底是什麼事啊？」「你真的保証不對別人提起此事嗎？」丈夫再次問道。妻子有點急了，說：「我不是告訴你了嗎？你怎麼這麼煩呀！到底什

麼事呢？」丈夫才開始說：「既然你已保証過，我便告訴你：我身上發生了一件怪事，每天早晨我都會下一個蛋呢！」說著便從大衣後面拿出一個蛋來。「什麼?!蛋！太難以置信了！」妻子叫起來。丈夫說：「是的，千真萬確！不過，你千萬別對別人提起。」妻子說：「我不會對任何人說的，我向你發誓。」「我相信你不會說的。」說完，丈夫便離開家。

不一會兒，她的妻子爬上房頂平台，看到鄰家房頂上的一位鄰居，便舉手招呼她，加著小心說：「唉！大妹子，我丈夫身上發生了一件怪事，你能肯定不告訴其他人嗎？」「當然，不會！什麼事啊，告訴我吧！」這位妻子說：「我丈夫每天早晨都下十個蛋。」「什麼，十個蛋？」那位鄰人吃驚不小。「是的，他給我看了。這難道不奇怪嗎？但你不可對別人提及。」說完，這位妻子便下樓去了。

不久，另一位鄰家婦女從自家房頂平台上露面了，第一個鄰居把這個故事向她又講述了一遍，同樣要她保守祕密，只是把蛋的數量由十個增加到二十個。就這樣，這個祕密一個個地由房頂平台傳播開來，蛋的數量也增加到一百個。不久，這一傳聞便最後傳到那位丈夫的耳朵裡。這位自稱會下蛋的人太知道這個故事是怎麼傳播出去的了，於是就不敢冒著丟掉財寶的危險而信任自己那位「善於」保守祕密的妻子了。❻

這則傳說頗類似中國「三人成虎」的故事，意在諷刺那種以訛傳訛的現象。但這個故事本身也確實突出了古埃及屋頂的妙用。一個消息的傳播竟然是通過足不出戶來完成的，這實在難以令人置信。儘管這則故事本身確實有點誇張，但也部分道出了古埃及人善於交往的意識，即使是趨向封閉的房屋也有接

---

❻ 參見威爾金森：《古埃及生活和風俗》，紐約博南澤出版社。

受和傳播消息的渠道。據說，這則故事本身也是靠代代口傳而流傳至今的；那就更應該讚美古埃及人對屋頂的構思了。

哀莫大於心死

中王國時期，一位國王的大臣在航海遠征中失敗，非常沮喪，有種萬事皆休的感覺。但他的一位侍從卻非常樂觀，面對逆境，竭力使自己的主人振作起來。他給這位大臣講了自己曾經遇到過的海難以及怎樣靠毅力戰勝困難而存活的經歷：

有一次，他同一百二十名精選的優良士兵奉命渡海前往國王的礦山，這些人的心比獅子還要堅強。但是，天有不測風雲，在海上遇到了暴風雨，大船被大浪打翻了，其他人全部葬身海底，只有他僥倖被浪濤沖到一個小島上。這裡沒有人煙，只有一些果樹，於是他孤獨地尋找果實，聊以充飢。就在這時，一條巨蟒出現了，一口銜住他，把他帶到它居住的地方。巨蟒聽了他的遭遇後，甚為同情，便對他講述了自己所遇到的一次苦難：

原來當年巨蟒來到這座小島上時，和它在一起的還有兄弟姐妹和孩子，一共七十五條蟒。但是，有一天突遭橫禍，一顆星隕落，燃起的火焰包圍了它們，它們都被活活燒死。碰巧這隻蟒沒同他們在一起，才免遭此禍。面對著已死群蟒的屍骨，它痛不欲生。巨蟒在講完了自己的親身經歷後，便安慰水手：「如果你勇敢，並能控制住自己的感情，你將擁抱你的孩子，親吻你的妻子；你將會看到你的家；你將會與你的兄弟重逢。」巨蟒還告訴他：「你一

離開這個地方，就再也不會看到這個島了，它將會變成水。」事實正如巨蟒所說的那樣，後來，一條小船來到這裡，把他帶走了。❼

——安慰不幸者的最大祕訣是說自己比他更不幸。

也許這位侍從深深知道這個道理，因而，面對這位沮喪萬分的大臣，他講述了兩則親身經歷的更不幸的事情，以使這位大臣在比較中找到心理上的平衡，恢復將死的心。雖然那位大臣並沒有因他的故事而振作起來，反而說：「不要白費口舌，我的朋友！一隻鵝早晨就要被殺掉，誰還會在黎明前再給它餵水呢？」但是，侍從卻借巨蟒之口說出了一個道理：

哀莫大於心死，拯救自己的只能是自己的意志。如果在困難面前一味地絕望、怨憤，只會增加自己的心理負擔，只能使面前的困難更加困難。只有保持樂觀的精神，振作而頭腦冷靜，才能克服困難而得救。

故事中的小島其實是一個虛幻的存在，侍從能夠到達小島並暫時活下來，是他的意志和信心被巨蟒或神靈所感動。它專為勇敢的人設置，是對勇敢者的獎賞。

這個故事本身雖然是講遇難水手的故事，但是，在這個故事中卻寄託了古埃及人的理想和對生活的理解；也就是，人生在世，要做一個樂觀的人，不論遇到多大困難，都要抱定生的希望。關於古埃及人的這種性格，拉爾夫等在《世界文明史》中作了中肯的描述：「埃及人的人生觀一般是泰然處世，順其自然，不大受比較淺薄的迷信觀念約束；相反，美索不達米亞

---

❼ 參見漢尼希、朱威烈：《人類早期文明的「木乃伊」——古埃及文化求實》。

的人生觀則是陰鬱消沈，憂心忡忡。」❽

這種樂觀精神充分體現在他們的死亡觀念中。對死後的世界，許多民族都會把它描繪成一個可怖的所在，要嘛烈火熊熊，要嘛寒冷徹骨，人們在這裡要受到難挨的煎熬。中國冥界的凶神惡煞令人望而生畏，而但丁筆下的地獄和煉獄更使人不寒而慄；因而面對死，人人自畏。

但在古埃及人的眼裡，來世並沒有什麼凶神惡煞，只是他們熟悉的幾位神祇；對死後的描繪更多的是天堂的景象，對死後的懲罰似乎並沒有什麼具體的描寫。事實上，在古埃及人的文獻中，很少有死亡這樣的字眼。這種樂觀的性格也充分體現在他們的享樂主義方面。每逢河水泛濫季節，便是他們大擺筵宴之時。這時，農事結束，人們便聚在一起，談古說今，對酒當歌，不論男女，必一醉方休。伴隨著酒香，音樂裊裊升起，善舞者則跳起優雅的舞蹈。一個喜歡酒與舞樂的民族，誰也不能說它不是一個快樂的民族。

人生在世，無法事事順遂，總會碰到這樣或那樣的困難。唯有那些在逆境中不心灰意冷，積極樂觀的人，才最能享受到勝利的喜悅，否則便會被困難壓倒。那頭巨蟒和那個侍從向我們指出的就是這一點。

一醉方休

古埃及人的的確確是一個善飲酒的民族，一年之中，他們

---

❽　菲利普・李・拉爾夫、愛德華・麥克諾爾・伯恩斯：《世界文明史》，諾頓出版公司。

花費大量的時間和精力釀造甘醇，不但供當年所需，還進行窖藏。由於長年積累的經驗，他們不但早就懂得了酒越陳越香的道理，而且還有自己對酒的鑒賞標準。他們說：馬拉奧提克的葡萄以甜著稱，用它造出的酒「色白、質佳，柔和中透著香甜，一點也不烈。」它不但以其芳香著稱，而且還有延年益壽之功效。然而，「與特尼奧提克酒相比，馬拉奧提克酒便遜色了。特尼奧提克酒因出產於特尼亞而得名，其色灰白，其狀稠厚，加水後便漸漸稀釋，酒倒出後味同蜂蜜；除了味道可口之外，而且芳香濃郁，烈度也不大。」在尼羅河谷中還有許多其他的葡萄園，它們製造出的酒都很有名，但各自的顏色與味道均不同。在這些葡萄園中，「安泰拉所產的酒是最佳的。」泰白德產的酒特別柔和。尤其是科普特酒，「有病的人喝了也不會有所不適，甚至在發高燒時也能喝。」❾對這麼多不同的酒都能細緻地品出其味道，指出其優劣所在，如果不是善飲之徒，是萬難做到的。

看起來，古埃及的神也是善飲酒的。因為在奉獻儀式上，酒是少不了的。據希羅多德說，古埃及人的獻祭一般都從用酒祭奠開始，把一些酒灑在地上。但神用酒是有節制的，許多種酒是不能進入廟宇的；祭司也不能貪杯，甚至有記載說，祭司是被禁止喝酒的。至於在一般人的日常生活中，對酒則是百無禁忌的，而且大人、小孩、婦女一視同仁。也許是飲酒、醉酒太普遍了，所以古埃及工匠和畫家在精心雕刻嚴肅的神及法老之外，還抽出閒暇描繪當時人們的醉酒場面。

這在古埃及遺留下來的文獻中不乏其例：一位衣著入時，刻意打扮的貴婦坐在矮凳上，也許是正參加某一個宴會或酒

---

❾　威爾金森：《古埃及人的生活和風俗》，紐約博南澤出版社。

會。飲著飲著，忽然覺得不行了。侍女趕忙去拿盆，但還是晚了一步，這位貴婦回身便吐，污穢物由口到地上形成一條小溪。侍女把手伸向這位貴婦的額頭，也許正在看她是否昏然不覺。如果說女子的醉態還算文雅，男子則全然不同了，他們定要橫臥酒場，一醉方休為止。自己回家是不可能的了，一定需要別人的幫助。或三個人用頭搭成人床，把醉漢頂回家，或兩個人像抬轎子一樣把他抬回家。畫家能把這些醉酒場面畫下來並使之流傳，說明當時飲酒並不算一種不良嗜好，醉酒亦不失風度。

其實，古埃及人飲酒並不僅限於宴會或酒會上。無論上埃及還是下埃及，酒都是人們普遍喜愛的一種飲料。因此，在古埃及，酒的消耗量非常大。儘管他們大量生產，大量庫存，還是經常不能滿足需要，每年要從腓尼基（phoenicia）和希臘進口大量的酒。

酒是一種不易變質的東西，而且貯放的時間越長，它越是香甜。古埃及人把糧食、葡萄等大量製成酒，這本身便有著重要的意義。糧食、葡萄等都是不易長期儲存的東西，一有不慎，便會發霉變質，它們的價值隨時間的延長而消損和失去，人們辛苦勞作的辛勞也便隨著這種腐爛而化為烏有。但是，把它們製成酒，便避免了出現這種情況。酒不但不會失去價值，還會逐步升值，這成了一種再創造的勞動。當古埃及人舉杯共飲時，他們付出的汗水得到了充分的補償。

人們常把酒與「愁」聯繫在一起，所謂「抽刀斷水水更流，借酒消愁愁更愁」便是很好的寫照。但是，古埃及人的飲酒很難與「消愁」聯繫在一起。古埃及人一般是在尼羅河開始上漲時便擺開酒宴。這時，作物收割完畢，糧食入倉，人們便以酒會友，對酒當歌，表達豐收的喜悅，享受生活中的樂趣。

此時，古埃及人個個都是酒仙、酒聖，但不是酒鬼，因為這是喜慶的酒，是對一年辛勞的獎賞。儘管在宴會上，通常有著搬上一具木乃伊對狂歡的人進行訓誡的儀式，但也只是提醒人們略加節制而已。❿它沖淡不了節日般的氛圍，反而促使人們更加珍惜和熱愛生活。

飯後儆示

　　人們進餐完畢，主人命人把一具木乃伊模型搬到飯桌上，以娛賓客；並對客人說：相愛吧！別覺得自己活得很長而盡做壞事。實際上人生太短暫了。

　　這種古埃及的故事不只希羅多德講過，其他人也描述過：我們正在喝酒，進行享受和娛樂，一個僕人把一個人的銀製模型搬上來。這個模型的各個關節及脊椎骨都是活動的，可以向各個方向扳來扳去。這樣在桌上演示兩、三次，利用彈力，作出各種各樣的姿勢之後，便有人說：唉！多可憐啊！人真是無用！當死亡把我們領走時，我們都會變成這個樣子。因此，趁我們活著的時候，就好好地活吧！⓫

　　實際上，這種飯後儆示已成了一種慣例，就像飯後甜點一樣必不可少。應該說，把一個死人模型搬到飯桌上，然後再給興致勃勃的客人們一通教訓，是一件很煞風景的事。而古埃及人偏偏選擇吃飯這樣的場合來表演這樣一種節目，其原因不是別的，正是為了表達他們對生活的複雜而又矛盾的心情。

---

❿　　參見希羅多德：《歷史》。
⓫　　威爾金森：《古埃及生活和風俗》，紐約博南澤出版社。

舉行宴會確實是難得的享受時刻。而且，古埃及人舉行宴會是特別講究排場的。餐桌上杯盤羅列，單是肉類就有牛、羊、羚羊、鵝、鴨、水鴨、鵪鶉和其他鳥類；蔬菜更是多得不可勝數。

　　人們在盡興地吃喝時，今世的煩惱和來世的憂慮，似乎統統被那美酒衝到九霄之外了。在昏昏然之中，他們也似乎領略到了生活的「真諦」。生活不是別的，生活的樂趣不在別處，就在此時此地。因此，他們只希望這種時刻永不消失，希望這種宴樂的享受一直能夠保持下去。他們感謝生活，感謝上天的賜與，更感到人生的短暫。宴會的享受是無比幸福的，但天下又沒有不散的筵席。這種對比更使他們增強了對人生的認識：生命只是暫時的逗留，是漫漫征途中的一個小客棧。

　　如果說宴會的時刻使賓客暫時超脫了現實，達到一種虛幻的理想境界，那麼，主人飯後抬出死者的木乃伊並進行一通教訓，無非是再把人們從夢中拉回現實。這實際上是在告訴人們，宴樂本身雖然是美好的，但它並不是真實的生活，生活本身還有很多憂慮，比如人的短暫易逝，人死後的命運，怎樣去努力獲得較好的生活……這種作法本身一方面在鼓勵人們盡情享受生活，一方面又勸誡人們有所節制，不要樂而忘憂，樂極生悲，不要無度地享受而忘記了真實的生活。因此，那煞風景的木乃伊無啻於一副醒酒劑，使人們在大吃大喝的狂熱中冷靜下來，從而對真實的生活做更深刻的思考。

　　古埃及人的這種矛盾情感其實道出了一直困擾著每一代人的矛盾人生觀。人要吃要穿的身體特點，決定著人是一種享樂的動物；可以說，享樂是人的本能之一。飽啖一頓美餐，會使人心滿意足；穿上一件漂亮衣服，會使人高興多日；陶醉在迷人的音樂中，會使人如痴如醉；而扭動在狂熱的舞潮中，也會

使人忘卻一切。所謂借酒消愁，並不是指酒真有解愁的功效，而是說在享樂之中，其他的憂愁被暫時放諸腦後了。但是，天上不會掉下餡餅，如果沒有供享受的東西，所謂享樂只不過是一句空話。一切的獲得均要靠人的雙手去創造，去勞動。因而，與享樂對立，便出現另一種人生觀，它鼓勵人們要勤勞，要克勤克儉，要壓制人的欲望，雖不至陷入苦行，但至少要揮霍有度。正是這兩種有所區別但又相輔相成的態度，構成了生活的基本主題。

其實，這兩種態度正是一件事物的兩個方面：人要享樂，便首先要創造供享樂的財富；有了財富不去享受，也便失卻了勞動的意義。當今世界，在鼓勵人們提高技術，改進工作方法，爭取更大效益，創造更多財富的同時，也不忘提倡人們改善生活，鼓勵消費。其實這也是那種矛盾人生觀的反映。

追逐命運

從前，古埃及有一位國王，因無子嗣而終日愁苦不堪。後來向神祈禱，妻子懷孕，生一男孩。但眾神又宣告：「他得死於一頭鱷魚，或者一條蛇，或者一隻狗。」國王心中很悲傷，為使王子能逃脫厄運，命人在沙漠上造了一座府第，使王子不得外出。等孩子稍為長大後，有一天站在屋頂上，看見一隻狗跟在一個人的背後跑著，便央求給他找一隻來。國王怕他煩悶，便找一隻小哈巴狗給他。長大成人後，王子認為自己既然注定要遭逢厄運，關起來有什麼用，於是開始出外漫遊，隨身攜帶著各式各樣的武器，還有那隻小哈巴狗。後來漫遊到西亞哈拉依那地方，和當地酋長的獨生女兒結了婚。婚後，他把自

己命中注定將遭到厄運的事告訴了自己的妻子。妻子勸他殺掉那隻狗，他不肯。於是，各方面注意防範。一天，他手下的一名大力士把爬到城邊的一頭鱷魚捆了起來，使他逃脫了鱷魚的威脅。一天晚上，當他熟睡的時候，他妻子又把爬出洞來咬他的一條蛇殺死，這樣就排除了他的第二個厄運。他和他的妻子相信，他也一定會擺脫第三種厄運。但不久，王子帶著狗去散步，狗沖進河裡，王子也下了河。這時，那頭鱷魚跑出來，對青年說，「我就是要你性命的東西，跟在你後頭……」（紙草至此中斷。）❷

在這篇故事中，神為國王賜子但又預定王子必死的厄運，說明當時在古埃及社會，神論在人們的日常生活中有著很大的作用。在當時的古埃及，許多問題通過神論來解決，土地上的最高長官，甚至國王的職位，偶然也通過神的啟示來填補。❸像是財產方面的爭端亦參考神論來解決。許多紙草中描繪著神決定一座墳墓的所有權，神判定一所房子的歸屬，神找到偷盜之人等等。這表明，神涉足於人們的日常生活中，無所不能，無所不曉。

但是，這位國王和王子卻並不是坐以待斃，等待厄運降臨到頭上，而是起而與命運抗爭。老國王面對厄運，採取消極的防範措施，把神所預言能傷害王子的動物統統拒之門外，從而打破神論。王子本人則採取了更極積的態度，他不像父王那樣在惶恐中進行防範，而是笑對厄運，明知狗能傷害他，他偏要有一隻狗，明知外出漫遊很危險，他偏要去漫遊，甚至遠離埃及，到達國外，似乎在積極尋找那所預言的厄運並與之鬥法。

---

❷　陶德臻、彭端瑞主編：《東方文學名著講話》。
❸　詹姆斯：《古代埃及歷史導引》，大英博物館出版社。

一條鱷魚被捉住了，一條蛇被殺死了，他成功地擺脫了兩次厄運，而且堅信會擺脫第三次厄運。雖然王子最後的結果我們不得而知，但是，從殘留的故事中，我們便可看出，此時人們已不再完全聽從命運的安排，而具有了一種人的主體意識。儘管命運在冥冥中的力量可能非常強大，但人有權力自己把握自己。儘管最後可能仍無法擺脫命運的擺佈，但人依靠自己的意志抗爭過了，也實在地生活過了，由此而具有了生命的意義。

人們常說：「君子不與命爭。」並以此作為自己放棄努力的藉口。其實，最先說出這句話的人一定是一位飽經滄桑，歷盡生活磨難的人。他一生坎坷，追求某種理想，但最終未能實現，感嘆之餘，道出了這句話。這句話並非他放棄努力與抗爭的遁辭，而是對自己一生的總結。他太注重抗爭的結果了，所以他不能接受未達目標的結果，因而感到遺憾。

命運總是與目標和理想聯繫在一起，當一個人為自己設定了目標時，也便為自己設定了命運，他要一生努力去實現。達到了目標，便認為運氣好；實現不了目標，便認為命運不濟。其實，人的真正價值在於為達到目的而付出的努力；無論實現與否都不肯放棄努力的人，才是生活的強者。

Chapter 3
超越生死和人神的平等

自我二元，亦生亦死

　　古埃及人看到死，但更肯定了生命。在他們的眼中，生命是永恆的，死亡是暫時的，只是一種轉變或轉移。「死亡這個詞在金字塔經文中從未出現過，除非是用在否定的意義上或用在一個敵人身上。我們一遍一遍聽到的是這種不屈不撓的信念：『死人活著』。」❶同理解自然現象一樣，他們對變化有一種特定的理解。他們認為，變化只不過是宇宙不變秩序的一部分。對人而言也是這樣，生存是永恆的，死亡只是永恆之中的變化。這一觀念的形成與他們對人格構成的理解有著密切的關係。他們把人本身看成二元構成體，這種二元成分之間形成一種繁複的轉換體系。

　　在古埃及人的認識中，「卡」（Ka）是一個比較古老的概念，類似於靈魂的意義。我們把它翻譯成「靈」（Spirit）或「偶體」（Double）。古埃及人認為，人格是由身體與「卡」簡單構成的，人一出生，「卡」便已存在，而且一直到人死後仍繼續存在。「卡」並非人所獨有，任何物體，包括人所製造的器物也皆有「卡」，但人們並不能看到它。他們認為，在人睡覺或主體處於昏迷狀態時，「卡」能離開人的身體，然後，它游蕩著觀察和拜訪他人他地。當一個人夢見已故的老朋友，他相信，他的靈與朋友之靈相遇，因而夢境是真實發生的事。平時，「卡」存在於人體之中，靠身體所需要的食物和飲料的「卡」來供養。人死後，只要屍體還在，也還需要供養，這些東西須在墓中提供給它。因而，『卡』是保持了實物性最大的

---

❶ Ｅ·Ｅ·埃文斯──普里查德：《原始宗教理論》，克拉萊德出版社。

因素，也可以說是人身上最守舊的因素。護衛靈要吃、要喝、要穿，飲食是麵包、啤酒、烤鵝三品。❷假如「卡」受到冷落，以致忍飢挨餓，它能離開墳墓，作祟於冒犯者的周圍。為了不使「卡」流浪，人們往往在路邊提供「靈室」（Soul House）。更經常的是，人們在墓中放置一木製或石製的雕像供其使用，以便為那些未經化身的靈找到物質依附體。

　　埃及人所謂的「巴」令我們迷惑。它與「卡」相似但又不同，我們譯之為「魂」（Soul），其真正的含義為「生氣」、「化身」。與「卡」一樣，它也需要營養品，與屍體也有著依附關係。他長著人手人形，但卻是鳥的形狀，一直盤旋在木乃伊上面。但它又與「卡」不同。在人生前，巴並不存在，只是人死後它才出現，「它不是生者的一部分，但卻是死者的全部。」❸也就是說，人死後，可以化身為「巴」，繼續存活。在古埃及人看來，死者的人格便是由「巴」和屍體所構成。

　　「阿克」（Akhu）在埃及人的信仰中是另外一種概念，可譯為「變形了的精神」（Transfigured Spirit）。古埃及人認為，人死後可化身為「阿克」，也就是不依賴於任何物質或肉體的純粹精神；它可進入無變化的存在，或加入群星之中。這樣，古埃及人為看不見、摸不著的思想和意識也找到了偶體。

　　嚴格分析起來，我們很難看出它們的含義以及它們之間的聯繫或區別，但我們顯然能夠把握住它們的內核。無論「卡」、「巴」、「阿克」，都無非是一種不同於肉體的精神，是肉體、靈魂二元論的一種複雜化的表現。追溯其原因，我們可以看出，這種複雜的人格信仰殘留著更加原始的「萬物

---

❷　約·阿·克雷維列夫：《宗教史》。
❸　M·法蘭克福：《古代埃及宗教》，哥倫比亞大學出版社。

有靈論」信仰，即任何東西，無論是動物、植物，還是器物等等，皆具有靈魂，因而他們相信，萬物都有「卡」，人死了之後便分離出「巴」；即使精神、意志和意願等等，也皆有其「卡」，即「阿克」。

我們只要注意一下埃及人對名字的崇拜，便能理解這一點。埃及人稱名字為「倫」（Ran），他們認為名字之中有著魔力，名字本身也有著一種精神上的幽靈，名與靈同義，因而，叫著一個人的名字便能施害於其人。為了防止他人暗害，每人皆須有兩個名字：一為常用的小名或好名；一為祕不宣人、不太使用的「真名或大名」❹。在這種信仰中反映出來的原始萬物有靈論以及對原始巫術的信仰是相當明顯的。另外，埃及人之所以有這麼複雜的靈魂概念，大概是某種歷史積澱的結果，是各種不同信仰、各時期不同信仰互相交織的結果。

就「卡」或「巴」等的特徵和含義而言，一方面，「卡」或「巴」能脫離肉體而存在；睡夢中，「卡」可離人而去；人死後，「卡」仍繼續存在，「巴」也能成為人身鳥形，然旋在屍體周圍。這反映出埃及人的一種思想，即：人死後能繼續存在，但並非生者自己存在，而是一種精神上的存在。「阿克」的出現更証明了這種看法。但埃及人並未滿足於人在來世繼續存在的信仰，他們更執著於復活。因而，在他們眼裡，「卡」或「巴」又不能脫離物質肉體。「卡」的生存依賴於屍體的保存完整；一旦屍體化作朽土，「卡」便不再存在；「巴」則盤旋在屍體周圍，睜著眼睛，極力尋找重新進入木乃伊的機會。

更有意思的是，無論「卡」還是「巴」，都不能離開食物、飲料等營養品，否則，它們也會飢饉而亡。也就是說，

---

❹　馬克肯齊：《埃及的神話和傳說》。

「卡」或「巴」最終都不能脫離肉體，也離不開生者的供奉品，因而也就與生者有著千絲萬縷的聯繫。因而，只要生者一直不間斷地為死者供奉物品，只要妥善保存「卡」或「巴」的住所——人體。一旦「卡」或「巴」重新進入人體，那麼，人便能真正復活過來了。埃及人在自我二元的理論中傾注的正是這種感情。

古埃及人的自我二元理論告訴我們，復活與再生不能靠別人或神祇，而是靠人格的自我完善。人本身便存在著再生的基因和轉換體系，只要你珍惜自身，不但照顧好肉體，也照顧好與肉體同在的靈，那人人都有復活的可能。這與把再生的希望寄託於神之救贖的宗教相比，多了一份人的自我努力意識，少了一分無奈與無助。這實際上是說，世上本無救世主，每個人都是自己的上帝，拯救自己的是自己。

天堂在現世中

關於古埃及人的日常生活，我們往往能在墳墓中找到有關的描繪；而墳墓件描繪的日常生活場景，其實正是古埃及人心目中天堂的景象。古埃及人正是依照現世而塑造了天堂。

在薩卡拉墓中，有一位名字叫作「替」的人的墳墓，其壁畫便描繪了天堂中的景象。在那裡，我們看到，「替」（Shawabits）的形象正在視察他的家禽和牧場。更深入墓內，我們看見他和他的妻子坐在一起，僮僕們排成行列，獻上鮮花、水果、小獸等等。當我們到達主要的享堂之後，我們感覺到彷彿又重新生活在古埃及一般。

在這裡可以看見四千多年以前的生活過程。我們發現

「替」的莊嚴形象正在他的領地上散步，後面跟著一大群僕人和狗。他正在一艘船上享用野餐，或者在稠密的紙草叢中狩獵河馬。我們看見各種各樣的飛禽在高高的蘆葦頂上築巢，各種各樣的魚類在清水裡游動。我們又看見沼澤區的住民，這是一些粗野的人類，他們靠利用沼澤中的蘆葦或其他纖維編成繩索、漁網和席子來維持貧困的生活；我們也看見漁民和捕禽的人。在另外一堵牆上，我們看見男男女女在田野上工作；造船的工人在工作，他們鋸著木頭，製造船的各個組成部分；我們還看見一個老年牧人，站在那兒和農民閒聊，他不僅浪費了別人的時間，也浪費了自己的時間。

最有趣的是市場的情景，很多男女在做買賣。由於當時還沒有錢幣，一切都是用物物交換進行，但是他們有一定的交換單位叫「謝脫」，用它來決定一定數量之貨物的價值。貨物的持有者並不在等待顧客上浪費時間，而是在市場上積極地兜售，或是在製造他們出賣的東西。有些人在賣草鞋，有些人在賣拐杖，有些人在賣陶器，有些人在賣布匹。❺

在古埃及人的天堂裡，沒有神祕，也沒有神聖的成分。人們在這裡過著和現世大致差不多的生活，天堂無非是現世的翻版，只不過略有改善；在這裡，人們還要耕作，但每一次耕作都會獲得豐收；而且，這裡沒有疾病和憂慮。改善的另一方面在於，能夠在天堂中過上這種「現世」生活的人是經過奧西里斯神挑選過的人，任何善良的，不曾冒犯奧西里斯的人，死後都會進入奧西里斯的天國。這是對正直生活的報酬。

古埃及人對天堂的描繪，說明古埃及人是一個注重死的民族，但更是一個注重現世的民族；他們不把死和天堂看作是對

---

❺　費里克：《埃及古代史》。

生和現世的否定，而看成是一種昇華的延續，死是為了更好的生。

對天堂景象描繪得不同，能夠反映出一個民族的特點。如果一個民族把天堂和現世描繪得截然相反，認為天堂是至善至美的境界，那麼這個民族必然是一個不安於現狀，始終想改變現狀，追求理想的民族。相反，把天堂描繪成現世的翻版，或者略有改善的現世，那麼，這個民族必然是一個帶有保守特色的穩健民族。事事圍繞一個基本點出發，只在現有的東西上加上一些成分，通過修補而趨於完美，從不願轟轟烈烈地打碎和重建。古埃及正是具有這樣一種性格的民族。在他們眼裡看到的多為已有的東西，而更多的沒有的東西卻往往想不到或視而不見。這種行事特點雖然穩健，但也缺乏激情。

樂趣在生活中

在後托勒密時代（Post-Ptolemaic Age）的一根石柱上，描述著一位死去的婦人從墳墓中向其丈夫的訴說。她說：「我的哥哥，我的親人，我的朋友，最最偉大的工匠，別不喝，不吃，不醉，不愛。要歡娛，日夜隨心所欲。別讓焦慮在心頭。人生幾何？西方（死者之地）只不過是寂暗之所，居住其中的人憂鬱不堪。最榮耀的人像神一樣長眠，不能醒轉來看看弟兄，不能看顧父母，無妻無子……我只願汲水而飲，迎著北風站在尼羅河畔。」❻

這是死者對生者的忠告，其實也正是生者對死亡的思索。

---

❻ 詹姆斯：《古代埃及導引》，大英博物館出版社。

她告訴在世的人們，死不足羨，死亡只不過是無痛苦亦無幸福的長眠境界，沒有欲望也沒有希望，一切都不再有意義。比較而言，現世倒是一個幸福的所在。儘管生活在現世會有諸多煩惱，但是，人們在實際生活中有所希望，有所企盼，有著追逐幸福的機會。雖然吃喝、醉酒、愛欲是最普通不過的東西，但幸福就蘊含其中。人生不過幾十年，因此，人們要好好生活，生活得有樂趣、有價值。

古埃及人對死亡的描繪很多，但是以這樣的觀點來理解死亡卻並不多見。在一般人的看法中，死亡只是從一個世界走進另一個世界，兩個世界之間並無太大的差別。在他們眼裡，死亡並不是長眠，死去的人也不是沒有欲望。但是，在這一碑刻中，死亡則完全變成了另一種情形。在這裡，死者與生者的世界截然不同。人處於長眠不醒的境地，雖然拋卻了世上的一切煩惱，但也同時拋卻了世間的一切幸福，時間也變得無意義。雖然人人達到了永恆，但這是一種死氣沈沈的永恆，是一種可怕的寂靜。

如果說，一般人的看法是按照一種宗教觀點和理想化的標準去描繪死後世界的話，那麼，這則碑刻卻是對死亡本身進行的客觀剖析。儘管一般人描繪的天堂豐富多彩，但是，從沒有人真正見到過；儘管人們描繪死去的人會像生者一樣在來世生活，但是誰也未能親眼見過死去的人歸來，親口聽他們訴說。而人們能見到的，只是死者靜靜地躺在墳墓裡，不能行動，不能言語，無法吃，無法喝，陪伴他們的只是墳墓那狹小的空間和一片漆黑。那位在碑刻上留下言語的人敢於逆潮流而思而言，說明他已經開始對死亡做更進一步的思索，對那種大團圓式的死亡結局開始懷疑並提出挑戰。

與有始無終的死亡相比，現世生活雖然短暫，但更富有意

義。碑刻主人對生活的羨慕並不只在於其中有享樂、有幸福，還在於其中有痛苦、有磨難。生活正因為有酸甜苦辣，才顯得豐富多彩和有意義。人生在世，會遇到很多困難，經受許多苦難，但至少還有成功後的喜悅，努力後的獎賞。曲折波動的生活之途才能使人真正感到自己的存在。吃、喝、愛欲、父母兄弟團聚享受親情，雖然沒有什麼特別，但與無意義的死亡相比，它們都是值得珍惜的。迎著北風站在尼羅河畔儘管會感到刺骨的冷，但是同時也會感受到生命的顫動。

這則碑刻啟示我們，要完全地接受生活，不但享受生活中的幸福，也要接受生活中的痛苦。要用自己的心靈去感受，正因為生命的短暫才使這一切更有意義。人們千萬不要用死去逃避生活。死不會使人得到什麼，反而會使人失去一切。

生死循環，天人合一

「奧西里斯」原為一植物神，掌管植物的榮枯。但是，後來埃及人讓他經歷了一次死後復活的過程而成為冥王。發生在奧西里斯神身上的這一轉變絕非出於偶然，而是蘊含著古埃及對人和自然界的特定認識，即：萬物生死循環，永無休止，人類也不例外。

要理解這一點，有必要先觀察一下埃及人所處的環境。在廣袤的埃及大地上，有一條狹長的尼羅河沖積而成的綠洲，周圍是極目難盡的漫漫沙漠。尼羅河每年六月份上漲，四～六月份乾涸。肥沃的土壤、植物的繁盛使他們充滿活力；可怕的沙漠、河流的乾涸又使他們感到末日將盡。這種環境的反差使他們認識到自然的循環。此外，太陽的升落、月亮的圓缺更加強

了他們對這方面的認識：萬物生生死死、交替而往。

　　既然植物、天體皆有生、死循環，那麼人是否獨立於這一循環之外呢？埃及人認為人也無法擺脫這一循環，因為，「生命在其最低的形式和最高的形式中，都有同樣的尊嚴，人與動物和植物全部處在同一層次上。」❼因而，既然人處在自然之中，是自然的一個並不獨特的成分，那麼，人也免不了這一循環。人的生死也不可避免地操縱在一位神祇手中，它必須具有和植物神相等或相似的性質。於是，他們選擇了奧西里斯，由他來控制人的生死。因而，我們說，奧西里斯由植物神轉為死者之王，並不是其內在本質發生變化，而是其內涵的擴大。

　　古埃及人把生、死、復活的經歷賦予奧西里斯，正是加強了人與自然相統一這一觀念。明白了這一點，我們就能理解，為什麼埃及人每年皆在尼羅河泛濫的最後一個月舉行盛大節日，慶祝奧西里斯的復活。據銘文記載，慶典一般持續十八天，屆時將舉行耕作、播種儀式，並以土壤和穀物為奧西里斯造像。據普魯塔克記載：「奧西里斯埋葬之時，恰逢穀物播種。當他死而復生，重返人間，嫩芽正破土滋生。」❽其含義相當明顯，奧西里斯作為植物神又作為冥王，從自己重生的象徵中吸取了力量，與自然界的循環合為一體。

　　但人到底不同於動植物，也不同於尼羅河。就植物而言，他們既可以看到它的生長，又看到了它的枯萎；就尼羅河而言，人們親眼看到它在某一季節泛濫，在某一季節乾涸。但人

---

❼　恩斯特・卡西爾：《人論》。

❽　見謝・亞・托卡列夫：《世界各民族歷史上的宗教》。

❾　M・伊利亞德：《宗教思想史》，芝加哥大學出版社。

❿　M・法蘭克福：《古代埃及宗教》，哥倫比亞大學出版社。

就不同，誰也沒有看到死去的人再次復活。這使他們困惑。但他們再困惑，也不會承認「人死即滅」這一觀點。

首先，這不符合他們對宇宙秩序的認識。他們認為：「只有與宇宙生活的韻律合拍的變化才有意義，秩序混亂意味著毫無用處，所以是有害的。」❾既然天體的運動、季節的交替、月亮的圓缺、植物的枯盛、尼羅河的漲落周期性地構成了建立於第一代的完美，那麼，人就不能破壞這種完美，否則，人在自然系統中便失去了意義。因而，他們堅信：「死亡是生命的

• 奧西里斯的神話

中斷，而絕不是結束——只是人格的變化，而不是消失。」❿

因而，一方面，他們找不到人死後復活的例証，另一方面，他們又堅信人不會真正死去。這種理想與現實的矛盾困擾著他們，最終他們通過奧西里斯擺脫了這種困擾，彌補了這種宇宙秩序的斷層。古埃及人把自己的理想賦予奧西里斯；反過來，作為全埃及人化身的奧西里斯又體現了這種理想。通過奧西里斯，埃及人表達了自己的死亡觀，指出了復活的可能性。他們認為，人的死亡並非必然，而是壞人的一種陰謀；陰謀可使人致死，神的魔咒同樣可使人復活。伊西斯（Isis）便曾幫助一名被蝎子咬死的兒童復活，奧西里斯也在天神及伊西斯和荷拉斯（Horus）的幫助下重新復活。

奧西里斯作為全埃及人的化身，親自經歷了死而復活的過程，因而，人們只要追隨他的足跡，聽從他的教導，便同樣能夠戰勝死亡，人人都能變成奧西里斯。

古埃及人崇拜奧西里斯，是因為他完成了人在宇宙中的意義，人們在他身上看到了生命總會戰勝死亡，正義總會戰勝邪惡的希望。

可以說，死亡是人類永恆的主題。無論任何人，都不可避免地要面對死亡，它像一個「不死」的陰魂，一直纏繞著每一代人。而人又無法站在生與死的交叉點上，左顧右盼，向生者訴說冥界的故事；人要嘛生活在現世，要嘛便遁入來世，生與死之間似乎隔著一道無法逾越的鴻溝。這使得死亡本身像一個巨大的謎團，促使人們做出無盡的思索。

古代人在種種自然現象的循環不滅中得到啟示，認為人也是不死的，人的死去總會以另一種形式復活，從而溶於大自然的循環之中。他們所犯的錯誤在於承認循環的同時抹殺了個體的死亡。現代人也承認萬物循環不變，但這種循環並不是個體

的不斷重生。個體都不可避免於死去，但作為集體的人類則永不會滅絕，正是個體的死換來了集體的生。

雖然埃及等古代人沒有認識到這種更高意義上的生死循環，但他們關於生與死的思索，對認識人存在的價值及人與自然的關係有著重要意義。尤其當他們在生與死之中加入善惡元素時，更大大影響和作用於當時的社會。

生與死的通道

古埃及人對死者墳墓的注重是不言而喻的。對法老而言，他在位時的重要事情之一便是為自己準備一個良好的死後住所。最初，王陵的樣式為「馬斯塔巴」式，即形同凳子的立方梯形。但是，法老們越來越不滿足於這種低矮的墳墓，於是，馬斯塔巴越建越高，最後形成了埃及特有的金字塔墓。同「馬斯塔巴」相比，金字塔更巍峨高大，墓室結構更複雜。為建造它，法老不惜耗費大量財富，動用幾十萬民工，花十年甚至幾十年的時間。同法老一樣，高級官吏及王公貴族們生前也精心準備，或依傍王陵建造較小的金字塔，或在自己的勢力範圍內建造精美的墳墓，其堅固與壯觀不亞於王陵。

這種對墳墓的注重甚至影響到民間。在古埃及，民間聚財的主要原因便是保持體面的墳墓和埋葬。在這個注重死亡的國度裡，人們對處理和埋葬死者非常重視，往往傾全力來保持體面。而且，法老還制訂法律，把財產和實行埋葬聯繫起來，即：「財產屬實行埋葬之人。」❶古埃及人之所以對埋葬死者的墳墓如此重視，是因為墳墓在人走入來世並從來世復活中起

著關鍵性作用，是生與死的接合點。

　　首先，「墳墓是人的變形所完成的地方。」[12]在這裡，死者變成「阿克」，靈魂與肉體完整結合的生命在此開始分解，人格分裂從此進行。「卡」或「巴」在這裡脫離肉體，活生生的肉體則變成了木乃伊。但我們說墳墓是人格轉換之所，絕不是指單向的轉變，而是指雙向轉換。一方面，它是人格分裂之所，另一方面，它又是「克服人格分裂的手段」[13]，為人的最終復活預設前提。屍體或木乃伊完整地保存其中，正是人復活的條件之一。「他們不能想像沒有肉體基質的復活，沒有物質身體的存在似乎是不完整的。」[14]因為「卡」或「巴」是依附於人的身體，如果人的屍體腐爛掉，那麼「卡」便隨之消失，「巴」也找不到歸宿，復活便成為不可能的事情。

　　所以，埃及人往往盡其所能把屍體製成木乃伊，並耗巨資來建造雄偉宏大而又堅固的墳墓，一方面保証了屍體不朽，一方面防止盜墓者破壞那些屍體。同時，為避免萬一，他們還在墓中放置酷似死者的肖像，防備一旦屍體遭難，那麼，這些雕像便能替代屍體而成為「卡」和「巴」的歸所。

　　其次，墳墓又是生者供奉死者之所。在埃及人的信仰中，對死者的供奉非常重要，因為墓中所存放的不單單是木乃伊，「卡」和「巴」這些看不見、摸不著，然而卻是真實存在的東西也停留在其中，它們遊蕩在屍體周圍，隨時尋找與屍體結合的機會。既然它們一直存在，必然需要各種供養品，否則，它

---

[11]　巴丁・J・凱波：《古埃及文明的剖析》，考萊治出版社。

[12]　M・伊利亞德：《宗教思想史》，芝加哥大學出版社。

[13]　M・法蘭克福：《古代埃及宗教》，哥倫比亞大學出版社。

[14]　M・法蘭克福，《古代埃及宗教》，哥倫比亞大學出版社。

們便會忍飢挨餓，甚至飢饉而亡。

　　因而，在固定的時日，埃及人都要到墓中供奉食物和飲料，一如生前。為了避免一時疏忽而沒有按時前往奉食，他們便在墳墓的通道或奉獻室的牆上描畫各種食物。他們相信，這些畫上去的食物能像真的一樣發揮作用。許多人誤以為這些食物是獻給死者的，其實，它主要是獻給死者的「卡」或「巴」。「卡」或「巴」真實地存在於墓中，供應它們是必須的，因為這是通向終極目標——復活的手段。

　　因此，墳墓不但提供了來世生活的條件，同時又為來世復活鋪設了道路，為死者提供裝備精良的墳墓必不可少。這樣，我們便能理解，古埃及法老為什麼不惜民力和巨資來修建雄偉的金字塔，平民百姓也不惜代價為自己建造較好的墳墓了。他們這樣做的動機不只是為了炫耀自己的財富和身分，其實是在堅定不移地為自己的來世生活和再次復活做必要的準備。

活著進入來世

　　在葬禮過程中，古埃及人還要為死者進行一個重要的儀式，那便是「開口儀式」（Ceremony of Opening mouth）。當人們把死者的棺材抬到墓地入口處時，一位戴阿努比斯面具的牧師把它舉起來。在棺材前面，一個戴豹頭面具的牧師指導進行這種儀式。他們把棺材上雕刻的臉、眼和嘴上皆塗了油，並用一鉤狀物觸弄其嘴唇，好像他們正被分開。然後一位祭司開始喃喃講話：「你又復活了，你總是活著，你已變得年輕，你年輕，直到永遠。」

　　推溯起來，「開口儀式」也是在重複奧西里斯復活的經

歷。當伊西斯把奧西里斯的屍體殘片找到以後，拉神便派阿努比斯神從天而降，在托特和荷拉斯的幫助下，把奧西里斯的殘肢斷體結合在一起，用亞麻布包裡起來。然後，有翼的伊西斯盤旋在奧西里斯的屍體上空，用翅膀扇動，產生的氣流進入奧西里斯的鼻孔。結果，奧西里斯重又獲得了生命，成為審判神和冥界的國王。而「開口儀式」中的牧師無非是在扮演阿努比斯神、荷拉斯及伊西斯的角色。目的只有一個，便是想恢復死者的意識和講話能力，以便他能享受來世。

從「開口儀式」這一行為中，我們看到，古埃及人對死者復活的堅信並不只停留在信仰上，而是由人自主地付諸行動。人死而復活，靠的不是別的，正是人本身的力量。當牧師用鉤狀物觸弄死者的嘴唇並說出荷拉斯曾對奧西里斯說出的話時，他們確實相信，這一切便會真地發生效力，死者便會真地復活，從而使死者能夠沿著奧西里斯走過的道路，進入奧西里斯的天堂。

古埃及人實行「開口儀式」是希望死者能活著進入來世。因為，來世不是別的，而是另一種形式的現世。在那裡，人們要同生者一樣生活，同樣要吃、要穿、要勞動、要享受。如果死者以無意識的軀體進入來世，那就無法享受來世生活的樂趣。因而，在古埃及人眼裡，死者並非長眠於地，天堂亦非長眠之所。由生入死，就像一個人由該地至彼地，只是地方上的改變，並無實質性的差異。讓死者開口，是古埃及人表達「死者不死」這一信仰的明証之一，也是他們為此信仰而採取的措施之一。

古埃及人把享受生活樂趣的觀念一直延續到死者，而對死去的人，首先想到的不是悲哀，而是怎樣讓死者的嘴能夠正常活動，怎樣完成吃、喝和說話。這說明，古埃及人一直把生活擺在首位，生者如此，死者也不例外。

「失而復得」的儀式

　　古埃及人特別崇拜牛，把牛看成神聖之物。對牛的崇拜主要集中在聖牛阿庇斯（Apis）身上。他們賦予阿庇斯種種獨特的特徵：毛髮是黑色的，前額有一小塊三角形白斑，背上有一鷹形圖案，鷹的舌頭下面是一隻甲蟲。平時，這頭聖牛被圈在廄裡，很少出去，只能到與廄相通的庭院裡去。在那裡，人們可以觀賞它。看守者對聖牛關懷備至，仔細給它們挑選最可口的食物；而且，他們不讓聖牛喝尼羅河的水，以保持身體健碩。他們還讓它在非常清潔乾淨的環境裡生活，使它的身體和靈魂保持清潔。當祭拜儀式開始時，各地的人便聚集於孟斐斯。祭司們把聖牛牽出，進行隆重的遊行儀式。當聖牛經過時，人們便紛紛由家中走出來歡迎它，請求它的賜福並預卜吉凶禍福。古埃及人用手遞給聖牛食物。如果聖牛吃了它，他們便認為是吉兆；如果聖牛拒絕吃它，那便是凶兆。而且，他們還根據聖牛所在的廄來判定吉凶。當它自動走進這個廄時，便預兆著對埃及有利，否則便對埃及不利。孩子們也參加這種聖牛遊行的行列，接受聖牛對他們命運的預測。

　　當聖牛死去時，古埃及人要舉行盛大的葬禮。它的屍體在被防腐處理過以後，祭司們便把它的棺材放在滑橇上，並隨著它的棺材緩緩而行。這時，人們要舉行公共哀悼，一直哀悼到找到另一頭聖牛。

　　人們不願相信聖牛會死去。當這頭聖牛死去後，幾位祭司便負責去尋找另一頭聖牛來繼承它的職責。他們按照聖書上記載的特徵去尋找，而他們總能找到。找到以後，便把它帶到尼羅河邊的城市，在那裡做好準備，把它移往孟斐斯。在這個城市裡，它要待四十天，四十天之後便裝船啟運。這時，人們轉

憂為喜，舉行盛大的慶祝活動，那快樂的情緒不亞於聖牛死時的悲傷情緒。

　　古埃及人對牛傾注這麼深的感情以及實行這種失而復得的儀式，也許是因為牛在人們日常生活中特別重要的緣故。在古埃及，人的日常生活中處處離不開牛，播種、收割、打場及運輸等都要使用它們。而且，據說，牛在古埃及是供不應求的，他們通常不惜高價去買回牛供自己所用。也許這便是牛具有如此重要之地位的緣故。牛死去而復得，代代相繼，是為了表達他們的一種心願，即對人、對國家有益的東西是永遠不會滅絕的。而且，這種失而復得的儀式也表達了他們對自然及其命運的認識：生命雖然會暫時中斷，這是令人悲傷的事情，但它會以另一種形式存在和復活，這又是令人欣慰的事情。這種欣慰總會沖淡人們心中的憂鬱，從中看到未來的希望。

　　自然界和人類的發展總是交替著好與壞，樂觀與不樂觀，得與失，但發展的結果總歸是好戰勝壞，得彌補失。因此，古埃及人把牛的性質進一步神化，把它同死而復活的奧西里斯聯繫在一起：他們認為，奧西里斯死後，靈魂便進入聖牛的身體，以牛的形象而活在人世。。❶這一觀念更明確地顯示出古埃及人在聖牛失而復得的儀式中所表達的特定情感。

　　由此，我們可以把這種感情推演到更廣泛的範圍。古埃及人認為，尼羅河水的降落，北風的停止，夜的延長與白天的縮短，土地荒蕪，樹的落葉，都是令人悲傷，值得哀悼的事情，它們代表著自然界走向厄運的時刻。古埃及人稱此為「奧西里斯的失去」。相反，尼羅河的漲潮、北風的重吹，以及長夜變短，則是自然界幸運的時刻。他們稱此為「奧西里斯的復

---

❶　在古埃及的神話中，聖牛阿庇斯為奧西里斯神的靈魂。

得」。此時，人們的喜悅便蓋過原來的悲傷。

　　因此，古埃及人注重聖牛失而復得的儀式不僅僅是對牛的崇拜，而且是對自然界的美好事物及對人類有益的東西常駐人間的祈望，也表達了好運終究會戰勝惡運，善總歸能戰勝惡的一種願望。

　　古埃及人這種「失而復得」的儀式使我們聯想到藏教中的儀式。在藏教中，當一位活佛去世後，人們不認為他真的死去，而是進行了轉世，又以一位新生嬰兒的胎身重現。於是，信徒們更經過推算，確定活佛轉世所在的方位，然後去尋找；當找到這個嬰兒後，便把他接到廟中，供他為新的活佛。

　　藏教的這種儀式並不只是表達生命輪迴的信仰，而且是在其中表達著更深的情感。活佛是他們精神上的領袖，是與神最接近的具有大智慧的人，如果他真的死去，勢必會造成無法彌補的巨大損失。因而，他們寧願相信他不會死，始終會以新的生命重現，這樣便會使領袖常在，智慧永存，可以永不間斷的「失而復得」，也會使他們始終看到重生的希望。

木乃伊的啟示

　　古埃及人有把屍體製成乾屍的習俗，這種乾屍在古埃及稱為「木乃伊」。史前時代，木乃伊是自然形成的。那時，人們把屍體埋在挖得很淺的墓穴裡，上面覆蓋獸皮或編織物。燥熱的沙子具有極強的蒸發力，使屍體變乾並保存完整。史前末期，由於墓穴越來越深，無法與沙子接觸，自然蒸發已不可能，於是人們用亞麻布緊裹屍體，希望以此能把屍體固定完整，但未能成功。至第四王朝，埃及人採用取出內臟的方法，

· 木乃伊的啟示

但仍無法阻止屍體的腐爛。一直到新王國時期，人們才開始採用有效的屍體脫水法，並取出內臟和腦髓。至此，製作乾屍成為一門專業行當，有專門的防腐師和乾屍製作工場。製作木乃伊的工程是異常繁複的，全部過程要費時十週。製作方法按費用多少分成幾種，最簡單的便是給死者體內注射一種藥液，使體內器官迅速液化，再把裡面的液體抽出體外，但這樣做會破壞器官的完整。最昂貴的便是手術方法。人一死，便立即把最容易腐爛的內臟部分掏出。通常是在左下腹切開一個口子掏出內臟，腦髓通過篩骨，從鼻孔中取出，然後借助於乾泡鹼完成屍體脫水，最後用亞麻布填充胸腔，再縫合上腹部切口，貼上一塊畫有荷拉斯眼睛的皮。屍體塗上油、香料和樹脂後，用多股繃帶捆紮，以防止屍體走形。就連挖出的內臟也要好好保

存。把它們處理過以後，分別裝在不同的罐子裡。

木乃伊的製作過程等於重演了一次奧西里斯復活的經過。奧西里斯雖被塞特碎屍數段，但伊西斯固執地把它們尋找回來，拼結起來，最後使其復活。這說明，屍體完整是人來世復活的必要手段。古埃及人製作木乃伊的習俗便緣自這一信仰。對屍體完整的渴望表現在製造木乃伊過程中一項有趣的儀式中：製作乾屍是保存屍體不可或缺的步驟，但切割屍體又是對身體須保持完整這一信仰的冒犯，於是他們便用一種象徵性儀式來化解這種矛盾。當防腐師用石刀完成切割屍體的任務後，其他助手便用石頭向他猛擊，並把他逐出木乃伊室。這項儀式的表演成全了他們的信仰：「無論是誰，只要對身體施諸暴力，傷害他們，他必遭仇恨。」[16]

更深一層講，古埃及人之所以如此注重屍體的完整，是因為在生死的天平上，他們把重心放到生的一面，生者雖死，但還是要以自己本來的面目參與來世，而且要以原來的面目重新復活。木乃伊的製作本身說明了埃及人對永恆的渴望以及對死的一種抵制。

其次，木乃伊本身向我們啟示了古埃及人的一種樸素的唯物主義思想的萌芽。雖然古埃及人堅信人是由肉體和靈魂二元（巴和卡）構成，但埃及人所謂的靈魂緊緊依附於肉體而存在，肉體亡則魂魄散，因此，最重要的是保存人的肉體。這同許多文明中對肉體和靈魂的認識大異其趣。

許多文明認為，肉體只不過是臭皮囊，是禁錮靈魂的棚鎖，死亡是靈魂的解脫，強調生前也要苦行、禁欲，甚至自殘

---

[16] 雪利‧格洛布克、阿爾夫雷德‧塔馬倫：《拉莫斯的木乃伊》，哈珀和羅出版社。

身體，以便促使靈魂快點升騰。在古埃及則全然看不到這一點。在古埃及人眼裡，肉體反而成了主要的角色，而靈魂只不過是肉體不死的一種解釋而已。

享度來世，人人平等

享度來世，人人皆有其權利。在死亡面前，沒有等級、財產的界限，無論任何人，均可為自己的死後生活找到一方天地。在死亡中，古埃及人寄托了原始的平等思想。

在古埃及諸多神祇中，有兩位神祇為人們平等而普遍地敬奉著，他們只是職責不同，並無優劣之分。兩者的聯合，為所有人找到了來世。這兩位神祇便是太陽神和奧西里斯神。

太陽神為萬神之尊，是官方欽定的最高神。他創造並哺育了萬物，同時操縱著人類的生與死，既是人們現世生活的泉源，亦為人們死後所往的歸宿。以太陽神為依據，形成一種所謂的「太陽來世」（Solar Afterlife）。這是一種較早流行的概念，是由太陽神崇拜中心黑利奧波里斯的教士們所極力弘揚的。這種觀點認為，人死後的居住地在天上，確切地說是在群星之中。「人死後，其魂魄將升騰至群星之中，與它們一道享受永恆。人們想像，天空為母神，死亡形同新生：換言之，是在星界的重生。天空的母性意味著，死後將第二次出生，在天界重生後，由母神的乳汁餵養。」[17]

也有人認為，人死後將返歸聖父太陽神，太陽神每日由東向西穿越天空，那麼，死去的人便到達它的船上，在那裡，與

---

[17] 伊利亞德：《宗教思想史》，芝加哥大學出版社。

太陽神一道享受永恆。但是，這種太陽來世本身並不清晰和普遍，只是一種籠統的描繪，是一種早期的來世觀念，實際上只為法老及達官貴人找到死後的歸宿，提供了進入來世的場所。因為法老為太陽神之子，本身便是半神半人，死後必歸其父，普通老百姓並不能皆進入其中。然而，普通老百姓雖然在現實生活中慣於各安其位，但是，在來世這一問題上卻不肯罷休。他們賦予奧西里斯神以來世的意義，讓奧西里斯為所有人提供來世的場所。

以奧西里斯為主的來世則在地上。人死後的居住地或在漫漫沙漠之中，或在太陽落下的群山叢壑之中，或在蘆葦叢生的「亞蘆之野」（Field of Aleu）。奧西里斯以冥王的身分端坐在寶座之上，在審判廳裡審查著奔赴來世的人們，通過審核，為人們打開通向來世的大門。

在十一和十二王朝，平民百姓也可期望一種來世生活，它不再依賴於國王的恩惠，而可通過實行正確的儀式和埋葬過程而得到。這樣，奧西里斯便為法老及特權階層之外的人提供了來世，使他們也有了享度來世的權利。

「太陽來世」和「奧西里斯來世」（Osiris Afterlife）相互補充，為所有人都找到了死後的歸宿，這樣，在享度來世方面，所有人都平等地站到同一個起跑線上。如果說，太陽來世和奧西里斯來世之間開始時還存在著不平等，但兩者最後的統一便很好地體現了一種平等思想。太陽來世出現較早，但是，即使在奧西里斯來世發展並興盛起來以後，它也並沒有消失，發展到最後，反而出現了交融現象。其統一性表現在，奧西里斯和拉神合為一體，太陽神拉被描繪為處於奧西里斯的乾屍中，奧西里斯則充溢著拉（神）的靈魂。在來世方面，兩者真正地合為一體。

最初的來世，只為法老及與法老有關的達官貴人安排，普通人並沒有這方面的權利和途徑。但是，普通人卻通過信奉奧西里斯，爭得了自己原先所無法享受的來世權利。法老的特權和神聖性在來世面前因而黯然失色。而且，拉神與奧西里斯神最後合為一體，更直接地反映出，人們不再顧忌法老高高在上的權威，而使法老在來世方面同普通人站到一起。這充分寄托了埃及人的一種平等思想。

同等地面對審判者

以太陽和奧西里斯兩神為依據，古埃及有「太陽來世」和「奧西里斯來世」兩種，法老死後歸依太陽神，平民百姓則進入奧西里斯的來世中。兩種來世儘管有所不同，但在來世審判方面卻是一致的。普通百姓也好，達官貴人也好，半神半人的法老也好，都要同等地站在審判者面前。

普通人死後，皆要進入奧西里斯神的審判廳。在行進途中，要經歷種種磨難和檢驗。當死者之魂越過西部山脈，來到死者王國時，須經過一棵巨大的榕樹。在這裡，一位女神從榕樹中閃身而出，遞給他（她）一個裝有餅、水果和新鮮水的托槃，他（她）如果不服從女神的命令，不把這些東西吃下，便不得不返回那毫無生氣的墳墓，反之則被允繼續前行。

在路途上，他（她）要迎戰蛇、毒蟲及凶神塞特，然後來到「闊河」（Wide River）之岸。在這裡，一艘魔船等待著，船員由靜靜的神性組成。在被允上船之前，死者必須講出船的各部分是如何構造的，否則便被取消上船的資格。最後，他才被帶到奧西里斯的審判大廳。死者必須在奧西里斯這位死者之

王及全能的審判者面前接受審判，因為進入天國的唯一通道是審判廳，緊緊關閉的門是沒有人能拉開的。

　　死者之魂站在審判廳門前，因畏懼而顫抖不止，在一片寂靜之中向神訴說。然後，他進行儀式般的坦述，宣稱自己無罪而不應受到懲罰，希望審判神不要降罪於他。接著，長著豺頭的阿努比斯神（又稱「開道者」）從廳中走出，把死者之魂領到奧西里斯面前。奧西里斯靜靜地坐在一間昏暗的亭間高高的寶座上，頭戴王冠，一手執鉤，一手執連枷。當死者進入時，他不置一言，靜靜地聽死者陳述。在奧西里斯面前，放著公平秤，用以稱量死者的心臟，記錄神托特站在一邊。公平秤的一邊放著死者的心臟，另一端則放著代表真理女神「瑪特」的羽毛。死者之魂顫抖著，一邊觀看這一場景，一邊暗自祈禱：「噢！我的心，你來自我的母親。噢！我的心，你來自我的心臟。別站出來反証我，別在法庭上對我不利，別在神面前說我的謊話。」

　　假如在公平秤上，他的心臟既不太輕也不太重，死者便被宣判無罪。托特把稱量的結果給奧西里斯過目，然後奧西里斯命令把死者的心臟復原到接受審判的人身上；如果他的心臟重於或輕於羽毛，那麼懲罰將降臨到他的頭上，他的心臟將被蜷伏在旁邊的怪獸吃掉，而他將經歷「第二次死亡」（Second Death）──我們無法弄清第二次死亡的含義；可能的情況是，這些人將在地獄裡受盡折磨。在埃及紙草卷中，有描繪死者在密閉的大火中受盡折磨的景象；這可能是指第二次死亡。

　　普通人在來世接受審判的情形是非常清晰的，但關於法老

──────────

⑱　參見伊利亞德：《宗教思想史》，芝加哥大學出版社。

是否接受審判則一直比較模糊和矛盾。在現今留存的金字塔銘文中，有許多章節為法老死後的特權進行辯護：「在天空群星之中，你擁有自己的地域，因為你是星星……你俯瞰著奧西里斯，你統治著死者，你與他們分離，你不屬於他們。」以及「奧西里斯，你不能控制他，你的兒子荷拉斯也不能。」⑱

　　但是，我們還是在金字塔銘文中發現，國王死後也要接受審判。首先，國王死後，在進入天空之前，須經過一次檢驗，他有義務來証明他神聖的出生血統。相傳，進入天空的入口處被一口帶有「風岸」（Winding Shore）的湖泊所封鎖，船上的艙公則行使法官的權力，法老須完成所有的純淨儀式，方可被允上船。而且，他最後必須回答一個創始類型的質問，也就是用一種原型公式來回答，當作口令。關於國王要回答的問題之細節，我們不很清楚，但是，國王死後進入天空要經歷某種檢驗則是顯而易見的。

・公平秤

有資料表明，國王到達天空之後，也要在由幾位神祇組成的法庭中接受檢驗和審判：他（法老）希望，通過自己的所作所為而獲得公正的裁決。因為塔芙恩（Tfn）、塔夫努特（Tfunut）已經一道審判了N（法老）；真理神已聆聽過；舒（Shu）已驗証過，兩真理神已經宣布了其裁決……N來到真理神瑪特面前，在她面前表白自己。這說明，法老也要同普通人一樣接受審判。

儘管法老同普通人接受審判的情形和內容有所不同，但兩者均要接受審判卻是一致的。在審判者面前，權威及身分已變得不重要，重要的是死者一生的行為及職責的完成情況。行為的比較是無情的，也是平等的，誰也無法蒙混過關。正是在這種來世審判的信仰中，古埃及人表達了自己的平等意識。

死後的審判是對生者的重新整肅。在現世中，人分三六九等，地位有高低，貧富有差別。但是，這種人為的社會差別抹殺不掉一個同一的準則，那便是棄惡揚善。

這條準則對任何人來說，都有著約束力量，而神的審判所依據的正是這一條。無論你處在什麼地位，只要在自己所肩負的職責中這樣做了，便能順利過關。審判的過程也是一種優勝劣敗的過程，一次次審判，便使生者一次次純潔，來世生活獎賞的正是這些人。所謂平等，並不是指人人處於同一地位，而是人人遵守同一向善的準則。

聖湖前的審判

在古埃及，對死者的審判不只限於奧西里斯的審判廳，而是在入土之前便開始了。當死者的屍體被防腐處理，並舉行了

各種葬前儀式後，便把死者的木乃伊置入木乃伊棺，棺則放在滑橇上面的柩架裡，由送葬的人拖著前往一個聖湖（Sacred Lake）（聖湖是每個諾姆〔指部落，相當於州、郡，當時古埃及四十多個諾姆〕都有的，死者在進入埋葬地之前，都要用船載過這一小湖方能入土）。同時，還得提前通知法官們，他們在這一天也要到達聖湖。一般有四十二名法官。在這裡，他們組成一個小型法庭，主持對死者的審判。

這確實是一場生者對死者的審判。當湖中的船準備好接納死者時，人們便開始在岸邊對死者進行起訴。人們可提出他生前做過的所有壞事，讓在場的法官進行檢驗。如果証明死者確實罪惡深重，那麼法官便當場宣布死者的屍體不能進入慣常的墓室；如果起訴者信口雌黃，不能証明自己的控告符合事實，便被判以重責；如果沒有起訴者或者証明起訴無效，那麼，死者的親屬便不再憂傷，反過來開始對死者進行讚頌。人們敘述他早期受的教育及學習的過程，讚美他的虔誠與正直，讚美他脾氣的溫和及其他美德，懇請眾神接納他加入虔敬者的行列。圍觀的人聽了死者家屬的敘述後，也開始加入讚美死者的行列，稱頌死者的榮耀。這一儀式結束後，死者便被裝到船上運往墓地。

這一場聖湖前的審判，是在死者最後即將告別人世時所進行的，其目的並不是真的對死者的行為有所懷疑，死者真的牽涉到某種案件而未被查明；這只是一種儀式，是葬禮過程中一個不可或缺的步驟。對死者進行生前審判，人們之所以能夠接受並把這一習俗延續下來，是因為，在古埃及人看來，這是死者能夠安然享度來世的一個必要步驟，它對死者不是有害而是有利。因為，死者進入來世之後，都要匯集到來世的審判廳之中，接受審判神無情的審判，善者將獲准進入天堂，惡者將被

罰在地獄受折磨。在那時，死者將要獨自面對審判神，生者無法給予任何幫助，無法替他辯白，無法幫他解脫，因為來世與現世隔著一道鴻溝，就如同這一人間的聖湖，把死者的居住地和生者的居住地分開。

審判神進行審判的依據並不是個人的意志，而是死者本人的生前所為，也就是其生前的行為決定了死後的一切。這樣就為生者幫助死者順利過關提供了一種可能：如果在生前能把死者的所有冤屈、所有罪行全部肅清，讓他以清白之身奔赴來世，那麼，他死後進入天堂的可能性便會大為增加。因而，聖湖前設立法庭的目的就在於此。它不是真地審判死者，而是為了拯救他的來世。在這裡，所有熟悉他的人全部在場，他們對死者生活的方方面面提出各種疑點，讓法官來看是否能構成罪行。如果這些疑點能一個個排除，那麼死者到來世也必然能順利通過檢驗；如果這些疑點可能構成罪行，那麼，在進入來世的最後一刻還可稍作補救。如果死者生前欠了某人的債，那麼死者的家屬便可以替他還掉；如果做過什麼錯事，那麼家屬們則盡其所能為他改正。這就像進入真正審判前的預檢，在這裡，人們帶著同情和好意替死者自檢，從而盡可能使死者的美德蓋過其罪行。

審判後的讚頌便說明了這一切：既然死者的罪行已經全部肅清，那麼人們便極力宣揚他的種種好處，希望這些好處不要被掩蓋，不要被神忽略。眾人異口同聲地讚揚，審判神便可聽到，從而相信死者是一個善人。這就如生者為死者做的臨終懺悔，希望死者的一切錯事得到原諒。當死者進入墳墓的入口處，祭司們便會宣布，死者已完全從埃及法律中解脫出來，他是一個清白之身。

人們生前對死者進行審判，同時說明古埃及人並不願無奈

地把自己交給來世的審判神。他們總是盡一切可能地把權力抓在自己手裡，把來世搬到現世，把來世的審判變為現世的檢驗，讓每個人在進入來世之前便知道自己的命運，並盡一切可能改變對自己不利的形勢，減弱來世法庭的權力與威嚴，使它淪為一種形式。

俗話說：「蓋棺論定。」當長長的鐵釘釘入厚厚棺材板的一剎那，一個人便被死死地嵌入歷史，好也罷，壞也罷，榮耀也罷，恥辱也罷，一切均已無法更改。也許有人會說，反正人總歸要死，好與壞又當如何呢？當然，人死如燈滅，死者已失去知覺，他不再知道以後的世界將變得怎樣。但是，人到底不同於那些沒有意識和思維能力的動物。一個人在世時，並不是作為一個個體存在，而是作為一個群體和社會中的一員，他生前的所作所為影響著整個群體，而且這種影響到他離開人世時還會持續很長時間，因而，就這種意義來講，一個人的死也便同時具有了社會意義，即使是死去，也要為生者的社會負責。所謂撒手不管是極少人才有的態度。正因如此，才會有的人因遺憾而死不瞑目，有的人因心滿意足而入土為安。為生者留下點什麼不只是個人的意願，也是社會的要求。

古埃及人在死者即將入土時還儘量為之洗刷以得清白，作為世人來講，則不要寄希望於蓋棺時幡然悔悟。只要一息尚存，便應努力，這樣死亡給死者劃上的便不是句號，而是具有無限意味的破折號。

「公平秤」的審判

古埃及人在來世中設立了冥王，而且設有審判廳及審判

神，任何人死後都要到審判廳接受審判神的審判，並根據審判結果而分別受到獎懲。奧西里斯神端坐在冥府的寶座上，面露威嚴，巨大的怪獸蜷伏著，讓人感到陰森可怖。這一點，同其他文明對來世的描繪並無不同。然而，古埃及人並未把審判大權拱手讓給審判神，無奈而又無助地任憑這些神祇武斷地裁定自己的命運，而是把命運自主地掌握在自己手裡。所謂審判者，只是起著一種監督作用，真正實行審判的其實正是被審判者自己。審判廳中間那架巨大而又顯眼的天平秤說明了一切。

古埃及人機靈地在審判廳中設立一架天平秤，確實是使自己命運不致失控的一種良策。人人都知道，天平秤是廣泛應用於民間的一種度量器具，用以稱量物體的重量。它的特點是精確和公正，天平兩端的物體稍有不等，天平便必然地會傾向一

· 人人都有公平的審判

邊，任何人都不能一廂情願地指揮它偏向這邊或那邊。因此，天平秤除了精確和公正外，還有一種無私精神，也就是它不摻雜任何個人感情，不受任何人指揮，從而也不偏袒任何人。正因為天平秤有這樣的特點，因而把它用於審判當中也就具有了特別重要的意義。在進行稱量時，天平秤的一端放著代表真理和正義的羽毛，它是一種相對穩定的行事準則；另一端則放著死者的心臟，代表一個人生前遵循真理和正義的程度。當把死者的心臟置於天平秤上的一剎那間，一切便已決定，誰也無法再改變什麼。

對死者而言，在公正無私的天平秤面前，任何人都不能蒙混過關，好壞自然分明，祈禱也好，乞求也好，都不能改變既定的結果，天平秤只是一動不動而無情地顯示著。對審判者而言，面對巨大的天平秤，他們的權威降到了最低點，他們的喜怒好惡也被摒棄到九霄雲外，他們只能無言地注視著，默默地記錄著，然後根據天平上顯示的結果實行獎懲。他們沒有權力進行偏袒，沒有權力改變結果。因而，天平秤在公正地裁定死者的同時，也有力地約束了審判者的行為，制約著他們的偏袒，制約著他們的武斷。

然而，儘管天平秤有力地約束著審判官，也無情地裁定著死者，但它也同時給人們提供了自主的契機。只要審判是公正客觀的，只要裡面沒有偏袒和武斷，人們便可通過自己的努力改善結果。因為，羽毛所代表的行事準則是公開和穩定的，而心臟所代表的人的行為是可以通過自己的努力而改變的。這樣，來世審判的問題實際上成了個人現實中的自我裁定。

在審判神面前，人們通常都必須坦述：「我並未用謊言反對別人，我並未使同伴陷入貧困，我並未學所不應學，我未犯罪，我從未做超出我分內之事，壓迫奴隸的官員名單中沒有我

的名字，我從未掠奪孤兒的財產，我從未使人痛苦，我從未使人遭受飢饉之苦，我從未使人痛哭，我沒有殺人，也沒有指使人殺人……我是清白的，我是清白的！」[19]

　　死者所坦述的內容並不是來世的律條，而是現世的倫理道德標準，是人們行動的規範。無論誰做了壞事，即使躲過了現世的懲罰，也必遭天責。相反，如果人們在現世按照這種規範和律法行事，便不必擔心來世的懲罰。因而，將來的命運其實是掌握在自己手裡的，所謂「來世審判」，只不過是一種形式而已。

貧者不「貧」，富者不「富」

　　傳說，孟斐斯（Memphis）有一名叫薩姆提（Samti）的人。一天，他在自家的房頂上觀察到一位富人的葬禮，裝飾繁華而喪禮隆重。緊接著，他又看到一個窮人的葬禮，這個窮人僅用一張破席裹著，被運出城外，簡陋異常。相形之下，他很受觸動，於是他心生希望，決心死去的時候，一定要像富人那樣。但他的兒子卻不以為然，對他說：「在來世，如何對待窮人，也便如何對待你；來世如何對待富人，你卻得不到同樣的對待。」為使其父明白這句話的意思，他把父親帶到冥界。在那裡，他們看到了坐在寶座上的奧西里斯，旁邊有阿努比斯和托特，他們正忙著衡量死者在世上的善行及惡行。這位父親發現，那些壞事超過好事的人將被送給「阿麥特」（Amate），一隻母狗，這隻狗將把這人的屍體和靈魂完全撕毀。那些經得

---

[19]　大英博物館編：《古埃及死者書》。

起檢驗的人將被送上天堂；那些好壞事相當的人，將被放在死者之中，帶著符咒，為索卡奧西里斯（Sokaosiris）服務。

薩姆提看到這一切很驚訝。於是，他的兒子站在他面前，對他說：「我的父親，你看那穿著精美亞麻服的人，是誰靠近奧西里斯端坐的地方？是那位窮人！正是你所看到的從孟斐斯抬出去，無人跟隨著，僅裡著一張破席的人。正是他，被帶到冥界，稱量在世時的善行與惡行，結果，他的善行重於他的惡行。由於托特作了記錄，他在世時並未享受應有的幸福，於是，奧西里斯命令把那位富人，即你看到的抬出孟斐斯時榮耀無加的人的喪葬品全部交給那窮人。進一步，他們委派他在德高望重的靈魂，索卡奧西里斯的追隨者中間任職，靠近奧西里斯的寶座旁。那位富人，正如你所見的，他被帶到冥界，被稱量善行與惡行，結果後者重於前者，從而判定他在阿蒙提特（Amentit）受懲。」

在這個傳說中，生前的貧富與死後的貧富形成強烈的對比，意在向人們說明，在來世的獎賞和懲罰方面，貧或者富已不再起任何作用。這是「奧西里斯來世」發展到成熟期的觀點。如果說，在「太陽來世」或「奧西里斯來世」初期，特權及財產多寡還起著一定作用，因為合乎規範的儀式和不可匱乏的墓葬供品並不是每個人都能擔負得起的，那麼，到奧西里斯來世發展到成熟期，對待來世則採取了更為簡樸的方式。它不管人們死後葬禮的儀式如何，也不管人們是否持有魔咒，它只憑衡量死者在人間的善事和壞事，來決定一個人是否有個人救贖的希望。這不但取消了特權，而且把貧富的差別也取消了。即使是富者，如果他的罪行多於善事，同樣得在來世遭罰；普通百姓，只要他清白無罪，並追隨奧西里斯，同樣能夠抱定個人不死的希望，即使最低下的人也能期望進入奧西里斯的王

國。進入其中並不依賴於其裝飾墳墓的能力，「不死之門向王族之外的人洞開，不再根據一個人的財富和社會地位測定其價值。」財產多寡這一界限的取消，使得窮人和富人在追求來世不朽方面完全站在同一起跑線上，窮者未必窮，富者未必富。

如果我們從這則故事中得出結論，認為窮則光榮，富則可恥，那便曲解了它的本意。它實際上並不是對窮富本身作出價值判斷，而是向我們揭示窮與富背後的道德標準。窮與富只是一種表面現象，它並不重要，重要的是窮所以窮、富所以富的道理。如果一個人一生光明磊落，因行善事而窮，他便窮得有道；如果一個人腰纏萬貫，但發的都是不義之財，那麼，他便富得無道；反之亦然。因而，人們逐富的同時不要忘義，陷於貧窮也不要忘德。判斷一個人的真正標準正是這種「義」與「德」，而不是表面上的貧與富。

喚神神就在

古埃及人不辭辛苦地造了大量神廟，用以供奉各種神祇。神廟中設有許多神龕，分別代表不同的神祇。但是，古埃及從未把神廟看成是神的永久居所，神龕也並不是真正的神。在古埃及人的心目中，神絕非飽食終日無所用心的人物，不會懶惰地端坐在華麗的神廟之中靜等人們奉獻各種各樣的好東西。神是人們日常生活中無所不在的一種存在，可以是一個太陽，也可以是一個月亮，可以是一隻動物，也可以是一株植物。神祇眾多，多方位分散，具體而不抽象，各司其職。

神祇的無處不在雖然能夠方便地給人們的日常生活帶來好處，但卻給人神之間具體的交流帶來麻煩。當為了舉行某項慶

典而需要神存在，或為某件具體的事情而需要請教某位神祇時，如果神祇不能很快來到，或者人們無處尋覓，那也是一件頭疼的事。為彌補這一缺憾，他們建造了神廟。當人們因需要而呼喚神，神就存在於神廟之中。因此，神廟不是別的，正是神臨時集會之所。在這裡，人與來到的神進行交流，事畢又各奔東西。建有各種供奉不同神的神廟，正是便於不同的神容易識別地來到自己的所在。神的這種活動特性及人呼喚神到來的習俗，具體表現在古埃及神廟中的神龕及抬神龕遊行的儀式中。

古埃及神廟中供奉的神，平時並不露身於廳堂之中而隨時供人祭拜，而是密封在神龕中，並專門闢有盛放神龕的房間。沒有儀式和活動時，這些神龕便默默無聞地待在那裡，也許是因為此時神不在此的緣故吧！舉行儀式時，才由神廟祭司把神龕庫門打開，在仔細地灑掃之後，把神龕由庫房中移出，拭去灰塵。需要哪位神祇便把哪位移出；如果儀式需要幾個，便把幾個同時移出。

古埃及人從庫房中移出神龕後，並不立即放置在奉獻台上供人敬奉，而是先要進行抬神龕遊行的活動。

他們把神龕放置在平底船上，或者置於法老出行時才坐的輿輦上，祭司們分別抬著它們，繞神廟廳堂遊行，國王及其他奉獻的人隨著神龕緩緩而行。繞行幾圈後，才停下來，把神龕放置在高架上。讓神乘坐船或輿輦的習俗除了對神的尊重外，還說明著，神並不是存在於神廟中的，他們遠道而來，有的走陸路，有的走水路，聽從人的召喚，從四面八方聚集於此。抬著他們繞行幾周，實際上說明他們的長途跋涉以及風塵僕僕。因此，為迎接他們，祭司或奉獻者都要依次向神龕灑下祭奠的酒，給他們供奉一些食物，並給神龕塗油。

・伊西斯女神

　　這些舉動並不是古埃及人對神才有的習俗，對遠方來的客人也如此招待。塗油是為了使他拭去跋涉的風塵，獻酒與食物是為了使他解除旅途的疲勞，因而，古埃及人是把神當作遠方客人來招待的。招待完畢後，祭司才把神龕的門打開，露出其中端坐的神。

　　這時，神才真正存在於神廟當中，神龕中的神像真的有了神的生命。國王及奉獻者便向神敬香，口誦讚美詩，向神奉獻「瑪特」（Māat），敘述自己如何遵從神的意旨，在地上保持了和諧的秩序及地上生活的安泰，使神對此滿意，然後再提出面臨的事情以及接受神的教誨和賜福。神把手放在國王身上，給他戴上下埃及雙重王冠，許諾他的統治會長久而繁榮，他有

力量制服外敵而獲得安定。

　　有時，國王需要與神單獨交流，於是便親自進入神龕之中，就某些祕密的事情與神進行交談，從而獲得滿意的結果。所有的事情完成以後，祭司便把神像由神龕中取出，把神穿的衣服及戴的裝飾取下來，進行一次大清洗以後，再把衣服給神穿上，然後把神像重新置入神龕中。用香熏過以後，祭司關閉神龕門並重新密封好，把它重新放到盛放神龕的房間中。神廟又恢復了往日的平靜，神與人則又各奔東西，去從事自己的任務了。

　　儘管古埃及神廟並非「倒地便拜」的場所，但神卻可召之即來。這充分反映出人對神的自主意識。古埃及給神賦予種種特權，但也同時給神各自安排了具體的任務，使他們並不處於養尊處優的地位。當需要他們時，又由人把他們召喚到集合地點——神廟，進行相互的交流。人創造神的觀念和意識在古埃及再明顯不過了。

　　與此相比，其他許多民族在神面前的自主性卻遜色得多。他們不是把神當作臨時召集，進行請教的「顧問」，而是把神奉為「太上皇」。神時時刻刻端坐於華麗廟宇的寶座之上，隨時接受人的朝拜和供奉。而神便足不出戶地發號施令，似乎坐於家中便知天下事。這樣造成的結果，神成了武斷的暴君，創造神的人便成了神的奴僕。這不但使人喪失了自主性，亦使神失卻了存在的意義。這種對神的觀念遠不如古埃及人的觀念「科學」。

　　古埃及的神並不端坐於寶座之上而無所用心，而是介入日常生活中；那樣，神便可更多地知道生產和生活的狀況，為俗人指點迷津時也便有所根據。同時，當神在神廟集中時，也便可就事論事，神人之間可以進行正常的交流和討論，大可不必

一方誠惶誠恐，而另一方奴顏婢膝。

人神之間

在神能夠施恩惠於他們時，古埃及人便顯得非常虔誠和順從，讚美之詞連篇累牘，也不惜從事繁雜的儀式來敬奉神。但是，在神對他們明顯不利，或者對神的態度不太清楚時，他們便顯得沒有耐性了，總是事先著手弄清神的意圖，甚至準備支配神的想法。在現世生活當中，這一點表現得不太明顯，因為神高高在上，與人們的日常生活有聯繫但並不密切。但是，在來世中，人們要直接面對神，接受神的檢驗，前途未卜，吉凶未定，在這種情況下，埃及人那種以自我為中心而支配神的企圖便充分表現出來。

有一則非洲的宗教故事講：一位死者面對審判神。審判神對他說：「你做了不少罪惡之事，應當受到懲罰。」死者問道：「是誰創造了人？」神答：「是我。」死者又問：「是誰製造了罪惡？」神答：「也是我。」於是死者最後問道：「你明知那是罪惡，為什麼還要創造它？」神無話可說了，便搪塞道，「別說了，讓我想想……」

古埃及人雖然並未像這則故事裡講的那樣同神對簿公堂，但卻事先做好準備以文過飾非，做到「防患於未然」。這具體表現在他們於埋葬中使用金字塔銘文、石棺銘文及亡靈書上。在銘文或亡靈書上，一般都描繪了來世生活，記載著亡靈將會碰到的困難，以及如何克服這些困難的方法等。其中亡靈書裡還繪有通向來世的路線圖。既然神為人類通向來世設置了種種障礙，那麼，人便使來世的一切清晰地展現出來，從而使人們

在走向來世時不走彎路，有所準備。在銘文或亡靈書上，最重要的是描述了死者一生的行為，往往用否定的方式來說自己沒有犯過錯誤，從而証明自己的清白。當然，這種描述「同自己生前的所作所為很少相符」[20]，但是，他們認為，把這些事蹟刻於石上或描繪在紙上便具有魔力，能夠蒙騙神，使神看不清死者的真實面目，從而能順利過關，享受來世生活。這就是為什麼亡靈書在古埃及越來越流行的原因。

　　起初，這種起保護作用的咒文只用於法老，因為法老具有神性，也具有與神對抗的能力，他在來世遭罰是人們不敢想像的，於是法老死後，在其金字塔裡刻上銘文稱「金字塔銘文」。後來王公貴族不滿足於依附法老的地位，也在墳墓的棺材壁上刻上類似金字塔中的銘文，以保佑自己來世不朽，這就是石棺銘文。民間則慢慢流行起具有同樣效力的紙草咒文，即亡靈書。這樣，從上到下，每個人都具備了自主地對抗神的能力。因此，如果說古埃及人是以人為中心來對待神的，一點也不為過。

六年變為十二年

　　「信神神就在，不信神神不怪。」這是一度沉迷於敬神之中而最後又擺脫神的人對世人的啟示。當你覺得有神，從而願意把自己交給神時，神也就成了你的主宰者；而且，你越是虔誠，越是能感覺到神的無處不在。但是，有一天，你從心底裡

---

[20]　漢尼希、朱威烈編著：《人類早期文明的「木乃伊」──古埃及文化求實》。

拋棄神的概念，抱著無所謂的態度來對待它，那麼原來事事掣肘的神也便失去了所以存在的源頭。因為，所謂神，是依靠崇拜者而存在的，崇拜者盡失，神也就自然消亡。

古埃及的美凱里諾斯法老是一個非常敬神的人，正因如此，引起了神的注意。一天，從布興城有一個神托送到他的面前，說他還有六年的壽命，在第七年一定會死。美凱里諾斯聽到這個消息，感到很不理解，覺得神這樣對待一個虔誠信奉他的人未免太不公平。於是，他派遣一名使者到神托之所去譴責神，抱怨說他的父親和叔父都對神不敬，並曾下令封閉神殿，結果卻活得很長，而他這樣一個敬神的人卻活得很短。他懷疑神是否搞錯了。但是，接著從神托之所來了答覆，說他做善事正是短命的原因，因為這樣做是違反天命行事的。埃及注定要受一百五十年的苦難，這一點他前面的兩個國王知道，然而他本人卻不知道。聽到這話以後，美凱里諾斯王知道命運已定，於是下令製造許多燭燈，每到夜裡便把它們點起來，飲酒作樂，打算把黑夜變成白天，把六年變為十二年，以此証明神托的虛妄。

在這個故事中，神一反常態，不合情理，對良善和虔敬之人反施懲罰，而對不敬神之人反而寬容。這種「暴君」式的武斷行為使人聯想到那位因虔誠而遭殃的約伯。約伯正直而又敬神，結果反倒成為神開玩笑進行試驗的對象，他的牲畜被掠走，他的僕人和羊群被燒死，他的房屋被大風掀倒，兒女被壓死。儘管遭此災難，約伯仍虔敬不移：我赤身出於母胎，也必赤身歸回；是耶和華所賜，也應該是耶和華所取。神於是又加重約伯的災難，讓他的全身長滿毒瘡。約伯仍然矢志不移，心平靜氣地說：「我們既然可以從神手裡得福，就不該從神手裡得禍嗎？」話雖是這樣說，但當毒瘡遍體，奄奄一息時，約伯

也開始動搖，對神的所作所為大不理解。他這時唯一的願望便是走到神的面前為自己辯護，陳明自己的冤案。儘管最後約伯一直詛咒自己的命運，但一直還對神抱著信心，為神的所作所為進行辯護：受苦受難並非永遠都是出於對罪孽的懲罰，有時神也會對忠於他的人進行嚴酷的考驗。

約伯在忍無可忍時才略有微詞，最後還是未失對神的信仰。這一方面表達了以色列人對神的順從、忍耐，另一方面也表達了神的一貫正確，既然是神做的，必然有道理，便不可違背。但比較起來，美凱里諾斯便沒有那麼大的耐心了。他見到神托，便心中不平，於是去質問和譴責神，最後拋卻神，以自己的努力來使神的希望落空。在埃及人眼裡，即使是神，也要以公正為標準，盲目的武斷是他們所不能接受的。講求真理和正義是天地創立之本，亦為世俗生活的準則，人人皆要遵守，神也不例外。

在古埃及神話中，正義和真理之神瑪特為拉神賴以生存的食物，也就是說，缺少正義，最高神也便失去了存在的基礎和意義；同樣，地上的統治者也要向神奉獻「瑪特」，以証明自己在地上保持了正義和良善。因而正義和良善正是人神之間連接的橋樑。當神違背常理，對良善之人施予懲罰時，埃及人是萬萬不能接受的，他們不會像約伯那樣為神辯護，而是積極地反抗。通宵達旦地飲酒作樂，並未使六年時間能得到實際的延長，但是，在這種行動中表達的願望卻顯示了古埃及人的性格。他們不願把神看成一個武斷的暴君，而寧願把他看成一個講道理的人，人們崇拜他是因為他善惡分明；如果神不講道理，那麼，人便可拋棄他。

神在自然中

人類總有把事物進行分類的習慣，因為只有把紛紛亂亂的動物、植物及其他東西納入一種系統，人們才容易掌握並理解它們，才能賦予它們一定的意義及找出它們所以存在的理由。分類的方法各有不同，有的根據形狀，有的根據顏色，有的根據性質等等。不管分類方法科學與否，分類本身便是一種成就。它至少把眼前令人眼花撩亂的事物進行了整理和歸納，同時在整理和歸納中認識了不少更新的或不太為人注意的事物。而且，每個時代，每個民族整理事物的方法背後，其實正體現著該民族對宇宙獨特的認識以及他們的人生觀念。

古埃及把動、植物歸納成系統的標準是看它是否具有神性，且每種動、植物的神性又各自不同，分別與不同的神相聯。古埃及的多神崇拜特徵足以使他們為所有見到的動植物都找到歸宿，形成一條獨特的神——動植物之鏈。

就動物而言，他們認為，狗、狼、狐狸、豺是神聖的，與阿努比斯神（Anubis）相聯；貓是神聖的，與帕什（Pasht）或布巴斯蒂神（Bubastis）相聯；獅是神聖的，與果姆（Gom）或荷克魯斯神（Hercules）相聯；河馬是神聖的，與馬爾斯神（Mars）相聯；驢是神聖的，與泰芙神（Typho）相聯；山羊是神聖的，與門德斯神（Mendes）相聯；母牛是神聖的，與阿托神（Athor）相聯；公牛是神聖的，與太陽神（The Sun）相聯。與此相對，蝙蝠、豪豬、熊、鼬鼠、黑豹、豹、老鼠、兔子、大象、豬、公豬、馬、駱駝、水牛、海豚等則是不神聖的。

就鳥類而言，鷹及類似鷹的猛禽是神聖的，與伊利特亞神（Eileithyias）相聯；拉神之聖鷹是神聖的，與拉和其他神相

聯；鷺鷥是神聖的，與奧西里斯神相聯；朱鷺是神聖的，與托特神（Thoth）相聯；與此相對，燕、麻雀、渡鴉、鴿子、鶴鶉、鶴等則是不神聖的。

蔬菜的分類亦依此法：桃子是神聖的，與哈波克里特神（Narpocrates）相聯；榕樹果是神聖的，與奈特辟神（Netne）相聯；檉柳是神聖的，與奧西里斯神相聯；常春藤是神聖的，與奧西里斯神相聯。**❷❶**

我們不知道古埃及人為什麼把這種東西確定為神聖，而把另外的東西確定為不神聖，它們到底根據的是什麼標準，其間有什麼道理；也不知道為什麼這種東西同這種神有關聯，那種東西又同那種神有關聯。我們且不去追究他們的這種分類法是否有什麼科學道理，但他們把紛亂的動植物分別組成各種系統卻是事實。

而且，我們仔細一點會發現，他們選擇為神聖的動植物都是與他們的生活密切相關或者是對他們影響甚大的動植物；相反，那些與他們的生活關係不大的東西則被認為是不神聖的。從這個角度入手，我們雖然不可能道出古埃及人分類法之原委，但卻可以看到其分類法背後的意義。動、植物儘管是沒有感情、不能說話的東西，但它們又那樣密切地影響著埃及人的生活，古埃及人不願相信它們沒有感情和神性，而認為冥冥中由神把這些東西賜與他們。不同的神分別賜給人不同的東西，人們也便在這些不同的動植物中感受到神的存在。抽象的神性在古埃及人眼裡開始具體化，當人們因這些動植物而受益時，他們便從中感受到神的賜福。

---

❷❶ 參見威爾金森：《古埃及人的生活和習俗》（第一卷），紐約博南澤出版社。

他們這種對神感恩的思想和感情充分表現在他們對神的獻祭上，他們用以獻祭的東西正是他們所認為能代表神的動植物。他們把這些神賜之物奉獻給神，一方面表達對神的感謝，一方面是希望神在高興之餘，能把這些東西更多地賜予埃及人。他們的獻祭儀式特別普遍，對每位神應該獻什麼東西都有一定的講究，有的神應該獻這種東西，有的神應該獻那種東西，其間不能混雜；而這種獻祭標準正是對應著他們對動植物的分類。

　　古埃及這種以神聖與否為標準的分類法，使動、植物有了意義，又使神介入具體的現實中，那樣，人們便可在自然中找到神，可以通過與自然環境好好相處，通過自己的雙手而獲得神的恩賜。因而，從根本意義上說，古埃及人不是把人交給神，而是把神拉向人，使虛幻的神物化和自然化，變成人們可理解的東西，從而成為人可以自主掌握的東西。

Chapter 4

經營謀生，生財理財

虹吸現象的發現

　　有些看似簡單的發明卻對社會有著重要的作用。古埃及是一個靠尼羅河為生的民族，因而水利方面的發明對他們至關重要，除了順應河水自然的流向而開溝修渠，修築堤壩，用人工改造河道以外，還要有一些輔助工具。當需要把低處的水引到高處時，他們使用沙杜夫（shaduf 汲水工具），利用槓桿原理，把低地溝渠裡的水一桶桶汲向高處。但是，當水位於高處而不能順勢流下時，該怎麼辦呢？古埃及人聰明地發明了虹吸原理，利用虹吸管使高處的水借助於坡度，自然地流向低處。雖然在古埃及遺物中我們並未發現類似的工具，也未在繪畫和雕刻中看到他們在生產中使用虹吸管的景象，但我們卻在另外的場合，發現了他們運用虹吸原理的例証。

　　公元前一四三〇年，台伯斯一個名叫阿姆諾夫的墳墓壁畫中，描繪著兩個祭司，他們分別站在一個比他們還要高的架子兩邊，架子上面放著許多盛放液體的瓶子。其中一個祭司拿著杯子，抬手向上面的瓶子裡注入某種液體；上面的每個瓶子裡都插有一根細管，另外一個祭司則正手執著這些細管吮吸著，極力把瓶裡的液體吸動，然後讓它們自動流入他身邊的一個大容器裡。我們看到，有幾個管子正在自動向這個大容器裡面注入液體，另一個管子正被祭司揚著頭使勁吮著。這幅圖畫所表現的正是利用虹吸原理使水或其他液體由高處自動流向低處的情景❶。而且，這種描繪並非只有這一幅，後來在找到拉莫西斯三世的墳墓時，也出現了類似的圖畫。

　　關於這幅圖畫中兩個祭司正在幹什麼，有種種推測。有人

---

❶　參見威爾金森：《古埃及生活和風俗》（第二卷），紐約博南澤出版社。

認為，他們正在澄清從尼羅河中汲取的水。因為尼羅河水中含有大量的泥沙，這種不潔的水是不能用於宗教儀式中的，必須加以澄清。於是，一個祭司把混濁的水倒到高處的瓶中，待它們在瓶中沉澱完畢後，再用吸管把清潔的水抽進另一個容器。這種說法也許有些道理。但是，如果是純粹為了澄清尼羅河的水，完全沒有必要採取這麼麻煩的步驟，只要讓水在容器裡自行澄清，然後再把清水取出即可。有的說，用這個吸管是為了品嘗酒。那更不符合這幅畫的本意。既然是為了嘗酒，完全不必用這麼長的吸管，直接在杯子裡品嘗就可以了。

最可能的解釋是，這是一個象徵性的題材，反映的是隔著一塊高地，把水從一個山谷運往另一個山谷的情景，而那根吸管正是水利器械。當被高地阻隔的兩個山谷中，一個有水，一個無水時，為了使水能越過高地，他們便首先把水一罐一罐、一桶一桶地提到高處。這時可能借助沙杜夫。圖中祭司用杯子向位於高處的罐子裡注水這一動作便代表著水由低處運往高處的過程。但運到高處後，水不能自行流下，於是他們便使用虹吸管，一頭連接高地上的水源，一頭則伸到另一谷地，利用虹吸原理使水流到低地。這種解釋也許最符合道理。

這說明，古埃及人很早就已經懂得了虹吸原理，並把它應用於實際的生產活動中。這幅畫本身便是以宗教的形式，反映了古埃及這一原理的運用。

也許這種原理真的是在祭司們吮酒時偶然發現的，然後再應用於農業生產。科學的發明往往就在這種有意與無意之中，無數次的偶然便構成了人類的大智慧。瓦特發現蒸汽原理，伽利略發現鐘擺原理又何嘗不是偶然的呢？生活中處處皆學問，只要善於觀察，精於提煉，小小的一點閃光便會映染，甚至會改變世界。

高地變良田

　　一些地勢較高的地區是尼羅河水所未達的地區，古埃及人的大部分農舍便建造於此。正因為這些高地不受泛濫的影響，因而也比較安全。但是，這些高地上除農舍外，還有大部分閑置的土地，可資開發利用。如何為這些土地找到水源，便成了高地變良田的關鍵所在。

　　古埃及人智慧地發明了「沙杜夫」，解決了高地的水源問題；把葡萄及蔬菜的種植移往高地，又使高地的閑置土地得到充分利用。

　　「沙杜夫」是一種汲水工具，主要用於地勢較高地方的提水。它以在高地上立起一個支架作為支點，支架上放置一支長

・高地度良田

長的木竿作為槓桿，木竿的一端綁有重物，另一端則繫有長繩，繩子的末端拴有一個吊桶，用來汲取低地溝渠中的水。當需要汲水時，便把繩子往下拉，在人力的作用下，重物被提起，繩子及吊桶則下行，到達低地溝渠，等灌滿水後，便放鬆拉力，那麼，另一端高高翹起的重物便自然下垂，把水桶高高提起，傾入高地的溝渠中。如此反覆操作，便可使難以引往高地的水得到利用。

這一看似簡單和粗糙的工具，卻凝聚著古埃及勞動人民的智慧，它實際地解決了高地灌溉的問題，使本來乾旱的高地成了一片片園圃。古埃及人先修造大型溝渠，把尼羅河或附近大運河的水引至高地下邊，然後再用「沙杜夫」把溝渠裡的水一點點運往高地。高地則闢有貯水的水池，四周種上樹木遮蔭，以減少太陽蒸發。園圃中闢有大大小小縱橫交錯的溝渠，園圃的灌溉便是靠這些小溝渠直接引入地裡，或者用水罐從水池中提取。在園圃中，種植了多種作物：蔬菜有扁豆、萵苣、洋蔥、韭菜、葫蘆等；水果類有椰棗、無花果及石榴等；在各種宗教和世俗節日中大量用作裝飾的花也在這裡培植。此外，高地的園圃中還種植大量葡萄，這葡萄成為製造葡萄酒的主要原料。

這些種植物一方面使高地的土地得到充分利用，另一方面也滿足了人們日常生活所需。同時，由於這些園圃多靠近農場或別墅，因而特別便於管理。人們在農活結束後回到家裡，便可抽出零星時間進行澆水和培育。而且，由於這裡不受尼羅河泛濫的影響，園圃中的作物可以在較長時間內種植。

在沒有抽水機等機械設備的時代，「沙杜夫」無疑是較先進的高地灌溉工具（編按‧沙杜夫至今仍在使用）。否則，在久旱無雨的氣候下，高地只能是一片乾涸的土地。

對付泛濫的辦法

靠泛濫來灌溉土地，雖然省卻不少力氣，但也同時帶來諸多麻煩。在長期與尼羅河相處的過程中，古埃及人總結了一套實用的對付方法，既保証灌溉的正常進行，又防止與泛檻俱來的損害。

首先，他們根據地勢高低分區灌溉。古埃及人建有四通八達的溝渠與堤壩，與尼羅河相通。當河水上漲，土地需要灌溉時，他們便按照規劃，有計劃地引水灌溉。每年八月初，他們便把封閉的溝渠打開，讓水沿著溝渠去灌溉。最靠近沙漠的地區地勢最低，因而首先得到灌溉，地勢最高的地區則最後被浸沒。三角洲地區由於地勢高度平均，因而當泛濫到來時，各個地區全都一視同仁地處於洪水覆蓋、控制之下，只有孤零零的村莊露出水面。

為防止泛濫造成損害，農民們則採取提前防範措施。河水一上漲，農民們便把處於低處的牛群和羊群移往高處。屆時，大家同心協力，相互幫助。如果河水突然而至，或者大壩崩塌，農民們便聯合及時行動，解救牧群。或者用繩把淹沒於水中的牛羊群拉到船上，運往別處，或者把它們營救到附近的高地。地裡的莊稼如果受到威脅，他們便迅速收割，搶運到附近的村莊。儘管現在的水位已沒有過去的那樣高，但在農村裡仍然可以看到，洪水到來後的村莊儼然如愛琴海中的小島，仍然可以看到救援牛群的場景。

為了及時了解水位狀況及檢查大壩，他們建立了水位測量制度及大壩巡邏隊。政府每年派出大量書吏測量水位狀況，並根據水位狀況，測定它可能帶來的好處及可能造成的損害，做到心中有數，進行防範；又根據水位指導各地的生產與溝渠和

大壩的建設。為保護低地及防止洪水突然而至，避免莊稼、牲畜及村莊被毀，他們在主要大壩上設立巡邏隊。巡邏人員都是由精明強幹的騎兵或步兵組成。他們必須始終守衛在那裡，不得擅離職守。政府撥給他們一大筆錢，用以保養和維修大壩，對人為破壞大壩的人給予法律制裁。在羅馬統治埃及的時代，破壞大壩的人要被罰做苦役，或被流放到邊遠的綠洲，以法律來保護堤壩，可見古埃及人對泛濫治理及預防的重視。

此外，古埃及人還採用「水漲船高」的方法來保護村莊和城鎮。河流年復一年地流淌，河床越來越高，而每年泛濫造成的淤積又使土地越來越升高，原先高出土地的村莊和城鎮漸漸和平地相平，這樣，城鎮和鄉村極易為水所襲擊。因此，為保護這些村莊及鄉鎮免遭洪水淹沒，埃及人便把它們進一步升高。這些工作通常由罪犯擔任。

洪水泛濫時，村莊與村莊被隔絕。為了保証正常聯繫，古埃及人修建了高起來的公路，這些公路像一道道堤壩，使各個村落相通。為了不使公路隔斷水的暢通，他們通常在公路上留出通水孔，在上面架橋通過。這樣既使灌溉能夠正常進行，又使困在各個孤島上的人能夠保持聯絡。

此外，古埃及還根據各個地區的不同情況，因地制宜地採取了許多措施。這些措施是古埃及人經驗的總結，也是他們智慧的體現。

把豬趕到地裡

利用畜力進行耕作，在世界各民族中都是很普遍的事。人類利用自己的力量和聰明馴化了野性的動物，然後藉它們之力

來完成許多任務。例如，用牛拉犁、拉車等，這樣可節省人們的不少勞動，同時也能提高工作效率。但是，在播種時把牛、羊、豬趕到地裡，讓它們亂踏一氣的做法卻並不多見，也許這是古埃及人獨有的習慣，許多文獻中對此都有過記載，雕刻或圖畫中也描繪過。其中，希羅多德曾不無羨慕地記載道：「現在必須承認，他們比世界上其他任何民族，包括其他埃及人在內，都易於不費什麼勞力而取得大地的果實，因為他們要取得收穫，並不需要用犁犁地，不需要用鋤掘地，也不需要做其他人所必須做的工作。那裡的農夫只需等河水自行泛濫出來，流到田地上去灌溉，灌溉後再退回河床，然後每個人把種子撒在自己的土地上，叫豬上去踏這些種子，此後便只等收穫了。他們用豬來打穀，然後把糧食收入穀倉。」❷

希羅多德的描述未免過於誇張。古埃及人並不是不需要犁地，他們本身有犁，而且在圖畫中也經常能見到農夫扶犁用牛耕地的情景；他們也不是不用鋤，在古埃及遺物中有大量的鋤頭。希羅多德也許是想強調古埃及人活得輕鬆自在，故而對這些東西視而不見。但是，把豬趕進地裡的說法卻並不是虛構，這可在古埃及的壁畫中得到証明。

也許，在泛濫過後的土地上很難進行精耕細作，所以，古埃及人並不規則地把種子播進地裡，而是趁著土地濕漉漉的，把種子隨意撒在上面。這樣種子可以隨著土地進一步乾化而被溶進土裡，從而長出幼苗。但是，總有一些種子會一直露在地面上，以致造成浪費。因此，他們把豬等牲畜大批地趕到地裡，讓它們把種子踐踏進土裡，從而保証幼苗的發芽率。

然而，實際分析起來，把豬趕進地裡的作法雖然省力，卻

---

❷ 希羅多德：《歷史》。

並不是很有效的作法。豬進地裡亂踏可能把某些種子踏進地裡，但也同時可能用腳帶起很多種子，這樣會造成種子分布的不均勻，反而不利於種子發芽。而且，成群的豬進入地裡頗難管束，有可能把整理好的土地和均勻播下的種子拱得亂七八糟。因此，希羅多德可能並未理解古埃及人這種作法的真正用意，也許古埃及人是「在播種之前而不是播種之後把豬趕到地裡」，目的是讓他們「清理泛濫後土地中的根和草」。❸

　　這種說法頗有道理。一方面，泛濫的沖擊會使土地中留存的莊稼茬到處都有，而且，隨著土地漸漸露出水面，各種雜草便會立即到處生長，如果不把這些清理乾淨，種子撒得再均勻，即使土地再肥沃，也很難長出好莊稼。讓豬、羊等牲畜進入其中，它們便會啃吃這些東西，在不用人力的情況下把土地整理乾淨，以便於人們進行播種。另一方面，這種做法也是簡便易行的飼養方法。因為，尼羅河水每年泛濫至少四個月，在這期間，土地幾乎全被浸泡在水裡，牲畜則被移往高地。這樣，對這些牲畜的飼養只能靠家裡的儲備飼料及高地很少的青草和作物，遠遠不夠需要。當洪水退去，青草又在土地上出現時，正是儲備飼料青黃不接的時刻，因此，地裡的青草便成了餵養它們的最好而又及時的食物。我們在壁畫中看到，跟在畜群後面的農民不是拿著盛放種子的籃子，而是放牧用的皮鞭，這更能說明這一點。

　　因而，把豬趕進地裡，並不是古埃及人為播種省力而採取的辦法，而是既餵養牲畜又清理土地兩者兼得的措施。

---

❸　威爾金森：《古埃及生活和風俗》（第二卷），紐約博南澤出版社。

採石運石技巧

　　石頭備受古埃及人的青睞，無論是金字塔、神廟等大型建築物，還是雕塑藝術品，都離不開石頭作為原料。而且，從古埃及人遺留下來的遺物觀察，古代埃及人已經知道了大量不同石頭的質地及用途，其中有皂石、滑石、燧石和花崗石等等。石灰石質地軟，用銅製工具極易開採，暴露於空氣便會變硬，雕刻匠們能在上面細緻入微地刻劃所要表達的內容。花崗石也很受歡迎，在古埃及王朝時期，它主要用來建造門廊、立柱、大殿及埋藏金子等。

　　且不管古代埃及人認識的石頭有多少，僅僅是面對用巨石砌成的金字塔，人們便會感到恍惚，便會提出疑問，這些完整而又巨大的石頭，他們是怎樣開採出來，又是怎樣運到建築工地的呢？人們的疑惑並不是沒有道理。就胡夫大金字塔而言，用來建造內芯的石塊和鑲嵌外表的石灰石共有二三〇多萬塊，平均每塊重達兩噸半，有的重達三十噸。這樣大的巨石，他們是怎樣完整地開採出來？在交通運輸機械極為落後的時代，他們是怎樣運輸的？運輸到建築工地，他們又是怎樣把它們一層層砌上去的？這些問題一直困擾著現代人，甚至有人說，金字塔是外星人建造的，即使用現代化的機械設備也很難建成。然而，金字塔等大型建築確確實實是古埃及人建築的，我們之所以誤解，是因為我們不了解他們獨特的技巧，或者從根本上忽視了他們獨特的技巧。他們的工具儘管簡單和原始，但在簡單中透著學問。

　　古埃及人用來採石的工具有木槌、銅鑿、鎬、硬石錘等。他們用木槌和銅鑿開採質地較軟的石灰石等；開採較硬的石塊則用硬石錘、鎬和鑿。石灰石等較軟的石頭一般都在尼羅河岸

邊，開採時，古埃及人先在寬闊的峭壁上挖出一條走廊，使被開採的石塊孤立出來，然後再在底部鑿出縫隙，在縫隙中塞進木楔，使底部離開石床，然後把它們全部弄濕，等木楔膨脹後，巨石便自溝隙處水平下降，這樣便得到了所需要的石灰石。開採質地堅硬的石塊，他們先在石頭上鑿槽，沿槽打洞，塞進木椿，然後灌水，使木頭膨脹，借助於張力，使岩石沿槽裂開；開採花崗石時，他們先在岩石上層進行敲打，使表面石頭粉碎，接著潑上冷水，使其迅速冷卻，然後用粗玄武岩石球沿著每隔一米左右的孔洞敲出裂溝，再用木楔的方法使其分離。用這種方法開採出來的石塊比較整齊，而且能夠按照事先規劃好的規格進行開採❹。

上述採石方法，人們到現在還用來開採花崗石，這足以說明古埃及人開採技術的高明。

開採石頭的地點有的就在尼羅河邊，那麼，把它們裝上平底船，便可通過水路，運到指定地點。但有的開採地點離建築工地較遠，而且離尼羅河也很遠，那樣，在把它們運到尼羅河以前，要經過一段時間的陸路。那麼，他們是怎樣運輸的呢？

在陸地上運輸巨石，古埃及人使用的主要工具為滑橇。這種滑橇頗似水中的平底船。由於滑橇比較低，很容易把石頭弄到上面，而且，由於它比較低，也可大大降低顛簸和搖動對巨石的損壞。他們在滑橇前面綁上長長的拉繩，用以拖曳。當路途平坦或者下坡時，他們便用牛來拉；當道路崎嶇而難以控制時，他們便用人來拉，這時拉繩分成幾股，每一股都由許多人拉動。同時，在滑橇上，通常站著手執油瓶的人，他不斷地把油灑在滑橇行進的路上，以減少滑橇與地面的摩擦力，巨大的

---

❹ 詹姆斯：《古代埃及導引》，大英博物館出版社。

石塊便這樣搬動了。

　　在中部埃及埃爾培舍爾的托提荷太普墓的壁畫中，便描繪著索蒂希代布的雪花岩石膏像的遷移場面。在畫面上，這座重達六十噸的巨像被用繩子固定在滑橇上，滑橇前面有四股繩子，每股繩子有四十幾個人牽引。站在巨像膝上的一個正在作手勢和喊口號，可能是個指揮員。滑橇上面的最前端，站著一個手執容器的人，他正彎腰把油倒在滑橇前面一點的路上。圖的左下方，有幾個人肩挑著盛油的容器緊緊跟隨，以保証有足夠的油進行潤滑。❺

　　日本的一個考古隊曾嘗試用滑橇來模仿古埃及人運輸重物。拖曳過程中，他們輔助使用了橇棒等工具，但成效甚微。他們並未注意到、或者沒有重視古埃及人使用潤滑油。後來，他們完全按照古埃及壁畫中描繪的樣式，用油在前面進行潤滑，結果一下子便成功了。

　　這說明，技巧和智慧往往隱藏在哪怕是一種微小的工具中。現代人對古代人的才能表示迷惑，正是因為忽略了這些小小的細節而想當然地認為不可能。其實，古代人使用的工具儘管簡單和粗糙，但是由於合理地使用，它們便發揮出巨大的效力；在古埃及人採石與運石的技巧上便可充分証明這一點。

一石二鳥的工程

　　尼羅河具有雙重脾性，既能賜福於人，又能降禍於人。如果尼羅河柔順時人們安於現狀，暴烈時再亡羊補牢，那並不能

---

❺　費里克：《埃及古代史》。

自主地控制尼羅河。如果能根據尼羅河的特點，建造一項一石二鳥的工程，使尼羅河水在富足時得到儲備，缺乏時可利用儲備以補不足，那麼，人們每年所安置的家園和創造的財富便可擺脫一次次被毀滅的命運。古埃及人正是依靠自己的智慧，將這一設想付諸實踐。阿門內姆哈特王領導建造的法雍湖水利工程，便是著名的例子之一。

阿門內姆哈特為第十二王朝的創始人，他統治的時代正是中王國鼎盛時期，他也是十二王朝最有才幹的國王之一。雖然他並未壽終天年，而是在宮廷傾軋中，被自己的親信刺死在宮廷內，但他的業績卻被後人所敬仰。他最得人心的仁政便是主持修建了法雍省的巨大水利調節工程。

法雍省境內有一口巨大的法雍湖，位於尼羅河西面法雍綠洲的最低處。史前時代，這個湖為一淡水湖，面積很大，湖水頗多，能夠與尼羅河水連在一起。但後來，氣候發生很大的變化，導致法雍湖水位變低，從而與尼羅河斷絕了聯繫，基本上成為一口無用的廢湖。只是在尼羅河暴漲時才有水部分流入其中。針對這種情況，阿門內姆哈特王決定重新整治法雍湖，使它由死變活。首先，他在那裡修建了一座大壩，並修建了一些水閘及水堤，再排泄掉湖四周沼澤中的水，使法雍湖成為一個良好的儲水處。然後動員人力，修建一條長長的水渠，使法雍湖與尼羅河相通。這樣，奔騰的尼羅河水便可通過這條渠道入流湖泊；反過來，湖泊裡的水亦可回流到尼羅河。

該項工程的建造具有極為重要的意義。它首先可作為儲存大量水的水庫。每當尼羅河水暴漲時，尼羅河的水位便大大高於法雍湖，那麼，迅猛的河水便可通過那條渠道分流至法雍湖。由於法雍湖已有很大的儲水能力，從而在某種程度上降低了尼羅河的水位並減緩了它的流勢，部分控制了暴漲時造成的

洪災。而當尼羅河水漲幅變小，水位低於法雍湖時，便開閘放水，湖中的水便回流到尼羅河，緩解河水缺乏所造成的旱災。這一看似簡單的蓄水與排水工程，卻對控制尼羅河及發展經濟有著不可估量的影響。而且，法雍湖水利工程建成後，擔負著田園上大批農田的灌溉。由於排泄了湖四周的水，使原來的沼澤變成良田，增加了耕地面積，變廢為寶。

勞工註冊制度

在古埃及，政府特別欣賞那些勤勤懇懇工作的人。如果一個普通人整天無所事事，遊手好閒，那是政府所不允許的。但是，如果不對人們的工作進行管理和監督，就很難區分勤勞者和懶惰者。因而，為了保護勤勞者，發現懶惰者，各級政府便實行註冊制度。每個人在一定的時間內都要面呈地方政府官，報出自己的名字、自己的住所、自己的職業及賴以生存的方式，政府則及時地把這些一一記錄在案。到場的時間都是固定的，而且同一個區的人可以一塊兒到指定的官府，並分別舉著各自的旗幟，然後逐一到登記官那裡，陳述自己的狀況，並回答一些必要的問題。

對職業進行登記的習俗並不是晚近的事，在古代，埃及人已有了這種制度。十八王朝的壁畫中便描述有一隊勞動者手執鐵鍬，列隊前來登記的情形。一位書記官坐在書案旁緊張地記錄著。另外，我們看到，除了記錄勞工們的名字及其他要求的事項以外，前來的人還要給出一張類似通行証的東西；這很可能是一張紙，上面有著地方官的許可印和此人的身分記錄，以便讓書記官進行驗証和核對，避免有人蒙混過關。如果一個人

離開他的小鎮，前往另一地區，又沒有讓他離開的通知，到達新地方又不能出示証明文件，那麼他的生活便不再有保障。這種記錄制度普遍而又詳細，甚至把每個人的細部特徵都描繪出來。[6]這種描述代替了現代的照片，嚴格區分出每個人的不同之處。

在檢驗過程中，如果發現某個人做了什麼過分的事，便要受到杖打；如果在地方官面前謊報實情或者做了什麼違法的事情，便要被判死刑。

因此，這種勞工註冊制度其實相當於現代的戶籍制度及身分証制度。這些証件不但能代表自己的身分，而且能代表自己的職業及自己生活所在的位置。用這些証件把每個人固定在某個地方和某個行業中，使得政府能對他們進行有效的管理和控制。如果一個人犯了罪，也難以逃之夭夭，因為每到一個新地方，他都要出示証明和証件；如果沒有，便會受到懷疑，而且由於政府有詳細的記錄，也便可以很容易地找到他。如果政府想檢測每個人的生活狀況及勞動情況，便可根據記錄和名冊，很容易地進行具體調查；而不斷地進行記錄，便可從記錄中了解某個人或某個地區的發展狀況，進行統計。

此外，這種登記制度還有一個很重要的作用，那就是有利於政府有效地召集和調配勞動力。須知，在古埃及社會裡，召募勞工進行大規模的建造和生產是很經常的事。每年要建造金字塔，修建大型水利工程，需要從各個地區抽調勞動力。有這樣詳細的記錄，各級政府便可根據實際情況合理地抽調，統籌安排。而且，在這種註冊制度下，誰要想逃避勞役都是很難的，因為政府可以很容易找到此人和此人的家庭。如果他逃

---

[6]　參見威爾金森：《古埃及生活和風俗》（第二卷），紐約博南澤出版社。

跑，那麼他的家人便要成為人質，直至他回來為止。這樣便可充分保証建造大型工程有充足的勞動力。

普通百姓在地方官員面前坦述自己並由書記官記錄下來的習俗，甚至反映在來世的審判廳裡。在那裡，每個人都必須對冥神奧西里斯坦述自己的一生所為，並由記錄神托給予記錄下來，根據實際情況決定定罪與否。這種情景其實反映的正是現實的生活狀況。

專控權

古埃及政府對許多物品實行專控權，即任何個人不得隨意使用或經營這類物品，而由政府統一管理。其中最主要的有：紙草（Papyri）、製磚及礦山。

紙草——是尼羅河畔大量生長的一種植物，屬蘆葦科沼澤植物，其三角形莖稈可長到手腕那麼粗，高可達三米，能夠應用於生產生活中的許多方面。其纖維可用於造船及填塞船板間的空隙，或編織成輕巧的紙草船，在尼羅河中行駛；還可用作油燈的燈芯、墊子、籃子、繩子及供繫船和下錨用的粗繩。在早期，古埃及人還把紙草的莖捆在一起，製成柱子，用來支撐房屋。後來希臘羅馬的柱式即模仿這種紙草莖柱而形成。但紙草真正的珍貴之處在於它可被用作書寫材料。紙草在經過加工後，便可成為一張張輕便、容量大的書寫紙，它的優越性是石頭、羊皮紙和泥版所無法達到的。石頭比較笨重而且容量小，羊皮紙不易獲得也不易攜帶。因而，紙草一經發現有書寫功用，便迅速成為古埃及社會和經濟生活運行中不可缺少的工具。因為，古埃及每年要重新丈量土地，進行登記，王室財產

・紙草（PaPYri）

和神廟財產每年要進行記錄，組織建造大型工程也要事先進行預算和設計，因而，紙草的需要量非常大。據估計，登記一座小寺院的財產目錄，每月便需要十米紙草紙。在托勒密王朝時期，地方公証人員每天使用六到十三個紙草卷，即廿五～廿七米。❼

　　正因為紙草有這樣大的作用和這樣大的需要量，政府才對這種植物進行專控。否則，如果聽憑人們隨意砍伐，造成紙草紙的短缺，勢必會影響社會和經濟生活的正常運轉。

　　製磚——亦為政府的專控品之一。古埃及的製磚並不是用土燒製，而是直接用尼羅河的淤泥和利用太陽光製成。在中王

---

❼　G・莫赫塔爾主編：《非洲通史》（第二卷）。

國培尼哈桑時期的木製模型中，便描繪有古埃及人的製磚技術，製磚用的泥便是尼羅河泛濫後的沖積物。

首先，他們在建築地點附近選擇好合適濃度的泥，用提桶或罐把選好的泥運到製磚場，然後便從附近比較方便的湖中取水，把水與泥混合。通常在混合時摻進切過的麥稈或蔬菜，使其增加牢度。製磚的模型一般為一木製矩形框，和磚的實際大小差不多。在用切割後的麥稈把底部和邊上點綴過以後，便把處理過的泥填滿模具，緊緊壓下去。當模具被河泥填滿並壓實後，便把模具移開，剩下濕磚，然後再在它的邊上打製另一塊磚，直至整個製磚場布滿規則的磚為止。這些濕磚要在原地放兩、三天，靠太陽的強力把它們完全炙乾。在磚還濕的時候，他們通常用木製印模來打上標記，一般刻上國王的名字及使用這些磚的建築物名稱。這正是政府對此實行專控的標記。

政府之所以對磚實行專控，是因為在建築中磚是被大量使用的材料。儘管我們所見的古埃及建築物大部分為石頭建築，但這並不能說明當時磚製建築物少。其實，當時有許多磚製建築，只因年代久遠而沒有保留下來。

礦山——至於對礦山的專控則是理所當然的事。礦山，尤其石礦，開採需要一定的計畫和技巧，如果無限制地胡亂開採，勢必使礦山的壽命縮短。因此一定要由政府來專控，才能有計畫地開發。

古埃及政府對某些物品實行專控權，是他們真正意識到某些物品對國計民生的重要作用。唯有實行專控，才能使這些物品得到合理的利用，避免造成浪費；才能使這些物品能在長時間內保証供給。

甚至到今天，各國政府也對某些有關國計民生的重要物品實行專控（專賣制度也是由此延伸的），不但考慮一代人所

需，還要考慮造福後代。如開發礦山、育林伐木等，都是在政府指導下，有計畫、有組織地進行；如果亂採亂挖、亂砍亂伐，會給後代造成無法挽回的損失。古埃及人當時便注意到這種目前利益與長遠利益的結合，是非常難能可貴的。

測資源以定稅收

把稅收建立在測定資源的基礎上，是古埃及社會的一大顯著特點。在巴勒莫石碑（Palermo Stone）上，把每兩年一次對牛的調查作為某一帝王年的重要事件；此外，還以某一地產中的河道、湖泊、井及樹木為基礎進行測定。[8]中王國有關稅收方面的資料不多，但也有不少記錄牛、莊稼和土地的紙草，其中一些片斷記錄了一組人馬為測定財富而對土地進行測量的經過。這種測定財產的俗例甚至深入個人及家庭之中，某些紙草實質上就是家庭估價單或個人財產目錄，目的是測定勞動義務及稅收。這樣，全國每個地區、每個鄉村，甚至每個家庭都被記錄在案，每塊田地、每一灌溉設施均在其中有所反映。

這種詳細測定資源的結果，能把全國的人力、物力統一在一盤棋之中，任何部分都成為整體不可或缺的一個環節。河道的修繕，大壩的建造與維修，土地的平整，溝渠系統的挖掘，絕非某一個人或某一地區的小部分人所能獨立完成，這需要集體協作，甚至全國通力協作。那麼，政府的調配與控制便不可缺少。詳細調查各地情況，就能及時了解各地的利與弊、得與失，從而做到心中有數，可針對各地不同的狀況實施不同的政

---

[8]　特里格爾等：《古埃及社會史》，劍橋大學出版社。

策，保証農業不致歉收。

對全國各地資源的詳細調查正是確定稅額的標準。古埃及是一個狹長的國家，各地的經濟條件和資源狀況必然不平衡，那麼，根據調查結果而定的稅額便會根據各種狀況而不同，做到合理和平衡。書吏在調查時，事無巨細，都記錄在案，其原因就是，只有綜合評估，才能確立一個比較合理的標準，避免陷入盲目或以偏概全。另外，對資源的調查經常進行，每年一次或每兩年一次，這樣便可以及時了解各地資源變動的情況，從而隨時更正稅額標準，不致造成收入與稅出失衡。這樣做還有一個原因，那就是，古埃及的稅收基本上都是實物稅，而各地的資源條件不一樣，適宜種植的東西亦各不同，那麼，對各地財產的詳細調查和記錄，便使政府可對各地應納稅物的內容有一統籌規劃，可避免不切實際的強求。應該說，這是一種科學而又符合實際的做法。

另外，這種大規模調查也是政府對地方進行獎懲的依據。既然政府派出大量書吏對各地資源進行詳細調查，那麼，壓定的稅額及勞役人數便具有可靠性和合理性。在這種情況下，如果一個地方不能按時完成稅額和湊足人數，便應受到制裁；那就充分說明了地方官無能，沒有組織好生產和管理，沒有盡到自己應盡的義務，應受懲罰。反之，便應受到表揚或賞賜。對個人也是如此，如果未完成稅收或勞役，也要受到懲罰。十三王朝的一份監獄記錄便記載了那些未完成政府勞役的人，被交付給農場及勞動營❾；甚至有的人因未能完成勞役而牽累家人。中王國後期的一則文獻中記錄：「撒一安胡兒的女兒，屬該城菲爾德斯書吏管轄：政令於三十一年夏三月九日下達至大

---

❾　B・特里格爾等：《古埃及社會史》，劍橋大學出版社。

獄，從宮中釋放其家庭成員；同時，對她實施不服役而逃跑者之法律。」這說明，直到她被逮捕為止，其家庭成員要由政府收為人質。❿政府之所以能確切地知道誰逃脫了勞役，全靠那詳細的調查記錄。

聚財與經濟平衡

在統一的經濟體制下，政府需要統一管理經濟，因此需要控制一定的財富，也就是要聚斂財富。古埃及為達到這一目的而採取的措施便是設立王室穀倉及「敬神基金會」（Pious Foundation）。

書吏每年對資源進行調查，只是對各地的收入及財富進行初步估算；當莊稼收割完畢，還要對各地的收成進行具體的調查和計算，從而確定各地應交的真正稅額。確定完畢後，各地長官便要限期把應交的實物稅收集完畢，運往都城。交納稅收通常用河道船進行，稅物上船、下船之際，均由書吏進行核定，以免路上被竊取或份額不足。到達都城後，經過入帳，這些實物便存入王室的穀倉。穀倉不但是財富的聚集所，也是年成好與壞的晴雨表。作為斂財的機構，除王室穀倉外，還有敬神基金會。這種機構普遍而又龐大，是一種與神廟有關的機構。我們知道，古埃及是一個神權統治國家，維持神廟及祭拜活動不可或缺，敬神基金會便應運而生。敬神基金會的財富來源，一為王室及地方政府的捐贈，一是通過與地方簽約，地方以納稅形式維持基金會。因而，基金會也成了一個聚財之所。

---

❿ 巴丁・J・凱波：《古埃及文明的剖析》，考萊治出版社。

因其普遍與龐大，故其聚財的程度不可小覷。

「這種基金會在原則上是一個不可觸動的單位，除非為某特定的合同修改，而且在理論上是永久的。其收入分配給那些特別支持祭拜的個人，但依合同亦可移作它用。這種類型組織背後的基本觀念便是貯藏財富。」⓫

王室穀倉及敬神基金會作為儲存財物之所，是國力的衡量計。當庫存少時，便反映出全國經濟的不景氣，可促使政府找出不景氣的原因所在；如果庫存多又引起下層的抱怨，就說明徵稅過苛，給政府敲響警鐘，認識到不平衡現象的存在，從而尋求更正之途。

王室穀倉及敬神基金會雖然是固定的儲蓄之所，實質上是財富的中轉站，一直處於流通之中，只不過是把全國各地分散的財富集中起來，有利政府的統籌安排。聚集起來的財富，一部分用於王室人員、龐大的官僚機構和神廟祭司的消費品，更大一部分用於建造金字塔及大型公共工程。這些大型公共工程的建造需要以強大的經濟作為後盾，而王室穀倉及敬神基金會則正合其所需。這就避免了因需要而臨時強徵可能造成的混亂與百姓的反感。

王室穀倉及敬神基金會亦為平衡經濟之所。由於各種具體的原因，每年的收入情況都會有所不同，那麼，在豐年多儲存一些糧食及物品，在災年便可用這些儲備去彌補不足，避免因災荒而造成國力不足及人民貧困。同時，每年各地區的收成情況也會不同，有的地方豐收，有的地方由於天災人禍而出現饑荒；在這種情況下，政府便可開倉放糧，使全國處於相對平均的狀態。因此，王室穀倉及敬神基金會對平衡全國的經濟有著

⓫ 巴丁·J·凱波：《古埃及文明的剖析》，考萊治出版社。

重要作用。

中國民間流傳著一句諺語：「羊馬年，多種田，準備雞猴那二年。」人們把羊馬年看成是吉年，而把雞猴年看成是凶年。這雖然不一定有什麼科學道理，但這句諺語中也道出了儲備在應付災害和平衡經濟中的作用。由於人力還無法完全戰勝自然，因而時時受到自然的制約；風調雨順，便會豐收，否則便會歉收。如果在豐年時沒有儲存意識，那麼當災害到來時，便會陷入絕望境地，很可能會使人一蹶不振，使生產生活陷入混亂，難以重新恢復。相反，如果有所準備，豐年的儲備便會緩解因災害造成的緊張，使生產生活不受影響地照常進行。因此，儲備觀念是永遠不會過時的普遍原則。

殺身取利

抗稅不交是要受到懲罰的，在古埃及則施之以杖笞。但古埃及人寧可受皮肉之苦以換取稅的免除，並以此為傲為榮，古今皆然。古代，如果誰在法庭面前表現得固執，給官員們收取稅收造成麻煩，那他便會得到人們的誇讚；相反，如果他不能亮出身上的傷疤來說明他如何頑強地抗稅，便會羞慚得無地自容。這種習俗甚至一直延續到近代。

有一則故事講述一位科普特（Copt）基督徒定居開羅時，因抗稅不交而被當地土耳其當局逮捕。土耳其官員生氣地問：「你為何不交稅？」這位基督徒露出一副可憐的樣子說：「因為我沒有財產。」不容分說，他便被扔在地上，施以杖笞。儘管他呼天搶地，請求赦免，但無濟於事，棍棒仍然雨點般落到他的身上。他一次又一次地請求憐憫，但都沒有成功。最後他

實在忍受不了了，便大聲嚷道：「放了我吧！我馬上去交。」這樣，他被釋放了，由一個士兵押送回家，拿出應付的錢財，並告訴他的妻子這一不幸的消息。他的妻子大聲說：「你真是個懦夫、蠢貨，沒想到他們第一次要求，你便給他們了。我認為你會在受五、六次打之後，才會說『我會付的，別打了。』由於你的軟弱，我們來年便要付雙份了。真不知害羞！」這位可憐的丈夫打斷她的話說：「不，親愛的，我敢說我實在是挺不過去了！在責備我之前，你先看看我的身上。我付給了他們錢，但他們也夠麻煩的了，他們至少打了我一百下才拿到這些錢。」這位妻子才漸漸平息下來，為他丈夫表現出來的勇敢和堅強感到寬慰，開始平撫丈夫的傷口。[12]

　　這種思維方式及行為儘管有點令人費解，但卻道出了當時人們的心態。在大一統經濟體制下，勞動者創造的大部分財富全被國家以稅收形式徵收上去，剩下的僅夠維持基本生活。這種收入與付出勞動的不公平也造成了他們心理上的不平衡，他們越來越不滿足於「杯水止渴，片藥癒心」的生活，千方百計想積聚一點財富，改善自己的生活。

　　其中一個重要的途徑便是「偷稅漏稅」，如果僥倖能夠成功，便可大大改善自己的生活，如果不幸被抓住，也不過是一頓皮肉之苦。從當時人們普遍讚賞那種勇敢與頑強的心理來看，抗交稅收是大多數人的共同心願，而且抗稅的人也不在少數。因此，羞恥的並不是被官府抓住，受到杖笞，而是杖笞過程中表現出的軟弱。如果人人都在官府面前採取強硬的態度，勢必形成一種潮流，給統治者上層施加一種壓力，從而注意到人民的生活，改變自己的政策。

---

[12] 威爾金森：《古埃及生活和風俗》（第二卷），紐約博南澤出版社。

其次，人們寧可皮肉受苦的行為實質上是一種無聲的反抗。當時人們對苛稅普遍不滿，但又無力進行積極的抗爭，便採用這種消極的辦法。在棍棒交加而仍堅持不交的背後，在人們對這些勇敢者讚許的背後，其實表露著他們抗爭的決心。總有一天，上層統治者會認識到，責罰並不是根本的辦法。

走出大一統的圈子

誠實的勞動，耐心的等待，努力工作，為他人盡社會職責，這是大一統經濟體制下對下層勞動者的一種理想要求。因為，只有下層勞動者沒有私心地幹活，才能使政府有效地全面控制經濟。但是，許多人並不滿足於這樣的地位，總是在表面似乎鐵板一塊的國家經濟中尋求致富之途。

中王國時期有一個著名人物叫哈卡那特（Hakanat），他生活在台伯斯北部，本身是一個地位低下的小農民，為生計所迫而離家出走，希望在闖蕩中獲得財富。在離家途中，他不斷地給家中寫信，裡面描述的全是他如何通過各種聰慧和機敏的手段到鄰近的諾姆與其他人做生意而增加家庭收入的情況。

通過這種外出做生意的途徑，他積鑽了一批不小的財產。卷宗中記載：他能提前為自己的土地付租金；另外，能借出大量穀物，並有自己支配的銅、油及由自己農場裡長出的亞麻織出的布。他的財富遠遠超出家庭的即時需要，並有節餘。另外，他還負責供養家人，其中包括每日給父母生活用的口糧，並為增加整個家庭的經濟出謀劃策。他曾敦促他的一位家庭成員盡快賣掉一頭公牛，因為出現一個難得的機會，價格上漲了

一倍。❸

　　從對他的描述中，我們可以了解，當時埃及的下層農民基本上是以家庭為經濟單位，財產歸家庭所有。但農民並不滿足於政府徵收後所剩下的那點可憐的糧食，還想辦法蓄積自己的財產，例如，養牛出售等等。此外，農民並不完全固守在土地上，時常走出去經營生意，而且很多人可能都是做生意的行家好手。

　　當時，民間聚財並非只為貪婪，還有其他原因。首先，國家雖然有精確的測定系統和一定稅額，但是，無論是超過國力的大興土木，還是突然而至的戰爭需要，都會造成經濟狀況的變化。而額外的稅收對收入微薄的農民而言，無疑是一種衝擊，他們被迫在完成國家義務的同時，尋求他途以渡難關。其次，在日常生活中，下層人也有著許多經濟壓力，如造房子、造船、準備體面的嫁妝、死者的埋葬等，需要一筆額外的收入，而這靠正常的農業勞動是無法做到的。因而，也就迫使人們在完成義務的前提下，走出大一統的經濟圈子。

　　因而，哈卡那特卷宗所反映的絕不是一個人的特例，而是代表著社會的一種普遍現象。而且，在古埃及文獻中，我們並未發現政府限制這種民間經濟的例子；相反，政府可能還是鼓勵這種經營的。古埃及文獻中便有許多描繪民間貿易活躍的畫面：人們手持籃子，前往貿易市場交換。往往在交換途中，一些商品便被賣出。因為，在河邊碼頭和交通路口往往有坐商，也就是俗稱的二道販子（中間商人），他們買下沿途的人帶來的商品，然後再以略高的價格賣出，從中獲利。這些坐商也許並非本地人，他們就像哈卡那特那樣由其他地方前來經營生

---

❸　　巴丁・J・凱波：《古埃及文明的剖析》，考萊治出版社。

意，以貼補家用。

還有許多圖畫描繪碼頭交易的情景：有一艘大船剛剛靠岸，船上走下許多肩扛著物品的人。而在岸上，則有支著帳篷的人，正與船上的人談論著，也許在商談價格及貨物的質量。這說明，這種民間貿易路線已貫通國內外。雖然，商人的地位在古埃及一直是低下的，操縱政權的仍是書吏及官員，也未見有人以富商之名留世。但是在許多圖畫和文獻中，我們卻可看出，商人是王國無處不在的人物，尤其是在新王國。為尋找合適的市場，他們在尼羅河排起很多船，「商人隨波上下，匆忙如蜜蜂。」他們帶著商品從一鎮到另一鎮，並提供各種需要，甚至遠至國外的地方。「你們的船從敘利亞返回，裝滿各種好東西。」❹

大一統以統為主，而商人則以靈活自由為特徵，照理說兩者是相矛盾的，其實並不然。因為，社會本身並非鐵板一塊，各地狀況也並不均衡，處處依靠政府統一調配和指揮，即使是再龐大的機構也難以完成。商人便成了彌補這種缺憾的階層。雖然商人為利而忙碌，但他們帶來的負效應卻活躍了經濟。因此，即使在大一統的體制下，如果一味壓制商人和商業活動也是有害無益的。

盜墓盜廟的隱性功能

靠偷盜來致富，在任何社會都是被視為不體面的小人行為。但是，在古埃及，偷盜墳墓物品及神廟物品的事情卻屢見

---

❹　巴丁‧J‧凱波：《古埃及文明的剖析》，考萊治出版社。

不鮮。由於偷盜者的偷盜對象大部分是積聚大量財富的陵墓及神廟，因而，在某種程度上，這種偷盜行為本身卻有著調節古埃及現實經濟的作用。這樣說絕不是嘩眾取寵。

在古埃及文獻中，有很多卷宗記錄了偷盜之人的自白。有一捲法律卷宗記述了一位祭司和神廟花園管理人員關於從神廟門上剝去銀箔的行為的坦白：「……我們又去了門的側柱……剝去了五克特黃金，用它在台伯斯買了玉米並分發了……幾天後，我們的頭頭培米努與我們吵鬧說，你沒有給我什麼，於是我們又到門側柱剝了五克特黃金，用它換了一頭牛給培米努。」在這一記述中，我們可以看出，偷盜之人並不只限於貧苦之人，也有官員及祭司，其中很多是監守自盜。

他們偷盜的目標並非居民的財產，而是塵封在陵墓和神廟中的財產。我們知道，古埃及有建造大金字塔陵墓及大神廟的習慣，這些金字塔的建造本身花費了大量財富。他們所用的材料大都堅固耐久，而且極富價值。而且，許多墳墓，尤其是國王及王妃的陵墓，裡面儲存著大量有價值的東西，如貴重金屬及器皿。這些東西不易腐爛，不會貶值，而且在缺乏貨幣的時代，這些物品本身便是搶手的貨幣和商品。因而，從某種意義上講，它們成了國家的死期銀行。但這些財富長期塵封於此，便使得這種財富成為有價值的無用之物。如果它們被開發出來，加入世實的經濟流通中，無疑會對經濟起著重要作用。

盜墓者正是不自覺地成了這種調節的中間人。由於偷盜者偷盜的並不是現世人的財產，而是隨古人埋入土中的財產，所以並不會對社會造成多大的混亂。相反，所偷出的物品投放市場，反而在某種程度上促進了經濟的活躍和發展，就等於從銀行中支取一筆錢，以用於急需。事實上，盜墓者大部分是把偷來的東西用在經濟交換和商品流通中的。

某卷宗中表達了一個賊妻的坦述：「我拿走丈夫應得的部分，置之於儲藏室，然後，我取出一德本銀，用它去買穀物。」用盜來的金銀去流通，部分緩解了由於社會貧窮而帶來的社會不穩定感，同時亦活躍了經濟，使那些本來形同廢棄的商品重新具有了價值。而且，我們注意到，建造大型金字塔並在其中儲存大量財富的年代都是比較富裕和強盛的時代，而盜墓盛行的時代往往是在災荒之年。那麼，富裕之年所儲存的財富由盜墓者使其在災荒之年發揮作用，這本身便有一種平衡經濟的作用。

當然，盜墓者自己並沒有想到這一點，但它確實從客觀上起了這種作用。

內在陳舊性機制

「內在陳舊性」為現代經濟學中的一個名詞，指在新產品問世之前，便使舊產品成為過時貨，以此來刺激經濟的發展和新產品的更新。所謂使舊產品成為過時貨，無非是使其很快被消費掉。因此，也可把內在陳舊性通俗化為快速消費以刺激生產。就是這樣一種純粹現代經濟中的規律，卻被古埃及人無意識地運用著。這具體體現在金字塔的建造上。

不用深究，我們便可了然古埃及人建造金字塔的目的所在。金字塔是埃及的皇陵，是法老死後的住所，把它建造得偉大又巍峨，無非是體現法老的榮耀及地位。須知，法老在古埃及集政治、經濟大權於一身，本身便是財富與權力的象徵，他死後也必然有活著時的榮耀及威儀，建造金字塔的目的便是為了証明他的神力永恆不滅。但從經濟學角度來審視金字塔，我

們卻能看到它背後的東西。

　　首先，建造大金字塔需要消耗掉大量財富。建造金字塔需要大量的石料和木料，需要派出大批人馬去開採，其中有些物品在國內不能滿足需要，還要派出大型遠征隊到海外掠獲。建造時需要徵收大量勞動力，這些勞動力需要吃住，這又要消耗掉大量物品。因此，金字塔簡直就是一頭消耗財富的巨獸，能把通過稅收收集來的物品消耗殆盡。但是，這種消耗在埃及並不可怕，相反，卻表現出對經濟有利的一面。

　　古埃及是大一統的經濟，每年通過稅收形式收集上來大量糧食及食物，儲存在穀倉裡，但是實質上，這些稅收並無長久儲存的價值，因為它們很容易腐爛和毀壞，其價值很容易貶值。而且，新的稅收徵收上來而舊的還未消耗掉，必然會造成積壓和浪費。因此，在古代自給自足及貨幣不流行的時代，聚財與散財同樣重要。維持王室及神廟的開支並不能保持收支平衡，那麼，剩餘產品的消耗便需有合理的途徑。金字塔的建造便為這種途徑之一。

　　金字塔的消耗，一方面來自金字塔的建造本身，另一方面便是供養徵召來的勞工。這些勞工在農閑時無事可做，到金字塔建築工地來做工，便可掙得自己的口糧，甚至還可獲得賞賜，這肯定可緩解下層的經濟緊張。很多人都說胡夫是一個暴君，但有的人卻稱讚他在一年中最艱難的月份為十萬人找到了職業。因此，建造金字塔所需的勞動力並不完全是強迫而來的，很多人可能是出於自願。這樣，從民間徵收上來的糧食又以口糧的形式部分回到民間，金字塔的建造在一定程度上成了福利事業。

　　金字塔除了消耗財富外，還在很大程度上儲存財富。為了使其堅固美觀，所用的建築及裝飾材料大都是不易毀壞的，而

這些東西是用糧食及食物換來的。這樣，那些易毀壞的稅收食物便轉換成不易毀壞、價值能夠保持長久的東西而永遠存儲其中。裡面的陪葬品如金銀、珍珠、象牙等堆積如山，僅吐坦卡蒙的金棺及黃金面罩，其價值便不可估量。因此，金字塔如同無法支取的死期銀行，把世間多餘的財富統統塵封在這一座巨大寶庫之中。這些財富雖未被消費掉，但由於不再流行於世，實際上也等於被消費了。

在古代社會，收入與支出的經濟平衡是經濟上的大事，只有合理而適時的消費，才能保証生產的不斷發展和提高。金字塔的建造在經濟上正起了這種作用。我們看到，並不是每個朝代都建有大型金字塔。最大金字塔的出現往往是在國力最強盛的時期，而對皇陵進行維修和修繕的年代也是最強盛的時代。在混亂不堪及國力衰弱的時代，金字塔明顯變小，有的竟然半途而廢。這難道不能給我們一個有益的啟示嗎？

官方經商意識

「無商不富」，只有注重商業，才能活躍經濟。古埃及政府便非常重視這種商業往來，尤其是對外的商業往來。政府靠稅收所收集來的物品多為實物，有些根本不適宜長久儲存，因此，政府經常用他們多出的食品以及由他們處置的生產物從事對外貿易。沒有証據顯示國王宣稱對貿易具有壟斷權，但是，王室的需要及財富促使它以超過任何團體和個人的規模去從事這種貿易。

官方經商意識的具體體現便是派遣商業遠征隊。這些商業遠征隊由國王親自派出，屬官方商隊，目的是用埃及的產品去

換回埃及所需但又缺乏的東西。組織和派遣遠征隊成為古埃及每個王朝的慣例。斯尼弗羅王曾建造兩個大金字塔，其所需要的木料需從黎巴嫩運來，因此，他建造了一支具有四十艘海船的船隊，有的船長達五十二米。他把這些船派到黎巴嫩去運輸極昂貴的杉木，這些木料至今還保存在金字塔裡作為見証。第十八王朝的哈脫舍普蘇女王也曾派遣一支著名的貿易船隊到蓬特地方去，從那裡帶回當地的產物；這次遠征也帶回了活的香料樹，連根帶泥一起帶回。她把這種樹種在提埃爾巴哈利美麗的廟前。

在古埃及歷史上，最著名的商隊首領要數哈庫夫了。哈庫夫生活於邁倫雷和佩比二世統治時期，是一個著名的商隊隊長，在阿斯旺他的墓中，記載了有關他的傳記。

他曾先後四次遠征亞姆。亞姆的確切位置雖然不清楚，但可以肯定是在第二瀑布以南。這四次遠征有三次是在邁倫雷國王統治時期進行的，第四次是在佩比二世統治時期。

第一次，哈庫夫和他的父親奉命「探索一條通往亞姆的道路」，他們只用七個月的時間便完成了。第二次，哈庫夫獨自帶領遠征隊前往，前後用八個月時間；這一次，他取道埃利凡泰恩的路線，返回時經過伊爾泰特、邁海爾和泰雷雷斯。哈庫夫探明，伊爾泰特和邁海爾是在同一個統治者管轄之下。他第三次出使走的是沙漠綠洲的路線。這次出使他獲悉亞姆的酋長已前去征服利比亞，於是他也隨後趕到利比亞，設法平息了這位酋長的怒氣，回來時帶回三百頭駄驢，滿載著香料、烏木、油類、豹皮、象牙及其他許多好東西。第四次，也是最後一次探險，哈庫夫從亞姆為當時年輕的佩比二世國王帶回來一個會跳舞的矮人，這個矮人會表演一種受埃及人尊重的宗教舞蹈，哈庫夫以此來取悅年輕的國王。國王欣喜之餘，親自給哈庫夫

寫了一封信來表達興奮的心情。

　　商業遠征隊對活躍古埃及經濟的作用不容低估。首先，它可以為古埃及政府多餘的庫存食品找到合理的去處，避免因腐爛或毀壞而造成損失，同時換回埃及缺乏但又特別需要的東西。這種交流，使大一統的經濟出現了活力，使死的財富變成流通中的商品，有時甚至會增值。而且，由政府進行這種貿易很有針對性，既安全，又合理。接著，與這種經濟目的相聯的後果是，通過貿易，古埃及熟悉了周圍國家和地區的情況，有利於把法老文化傳播到很遠的地方，同時亦可學習那些地方的優點，從而在政治上獲益。

法老墓裡的中國瓶

　　也許，古代的中國人根本不知道北非有個埃及國，但是，中國人的瓷瓶卻靜靜地躺在埃及法老的墳墓裡。現代的考古學家在小心翼翼地打開台伯斯的古埃及墳墓，探尋其中的祕密時，卻意外地發現中國瓶在熠熠生輝。他們根本不敢相信自己的眼睛，但這些瓶上顯眼的漢字卻清清楚楚地告訴他們：這些瓶來自中國。[15]

　　這些中國古瓶的存在，一下子把兩個遙遠的國度拉在一起。但我們不能據此得出結論，証明中國古代同古埃及很早便有了實際的接觸，因為當時雙方交往的條件根本不具備，而且也未曾發現有這方面的記載。然而，當時中國雖然未曾直接與埃及交往，卻早就同印度有了往來，印度又早就同阿拉伯有了

---

[15]　威爾金森：《古埃及生活和風俗》（第二卷），紐約博南澤出版社。

接觸，而古埃及同阿拉伯的交往則非常頻繁，甚至有可能同印度也有著往來。這種接力跑式的交往，不知不覺間便使文化跨越時空，把兩個未曾謀面的民族聯繫在一起。

雖然文化滲透、傳播的力量非常大，但也並不是任何民族都有資格站到接力點上的，只有那些善於對外開放和內收的民族，才能聆聽到來自遙遠國度的信息。古埃及雖然是個在地理上非常封閉的國度，但他們在心理上並不封閉，對外的渴望足以衝破地理上的障礙。很早的時候，他們便在紅海沿岸建立了一個個對外的窗口——港口，這些港口一方面釋放著本身的文化，另一方面又接納著外來的文化。其中，斐洛特拉斯港、霍莫斯港、玻里民斯港、耐克西亞港等都是適應對外往來而建造的。這些港口不但在古埃及時期，而且在以後的羅馬、阿拉伯時期，都發揮著重要作用。

古埃及造船業的發達使他們完全有條件走出國門，走向浩瀚的大海。古埃及人的船，最早是用蒲草編成的，呈籃子狀，用瀝青塗縫。摩西的母親便是用這種船把摩西藏匿在三角洲的蘆葦中的。這種船小而輕，經不起風浪。後來，他們開始製造木船，並形成自己的一套獨特技巧。首先，他們建造的船通體不用一根釘子，只用榫頭把一塊塊木頭聯結起來，構件、船骨和交叉部件都用繩子綁在一起。這一方面可能是因為當時沒有發明釘子，另一方面是因為那樣便於拆散和重新安裝。其次，他們獨特地運用纜繩及繩桁架來固定船體。他們用一條粗粗的纜繩連接兩端，繞在船身1／3和2／3長度處的木柱上，以保持船身縱向的穩固，這些結實的纜繩用木棍絞緊。古埃及人使用的鞏固船樑用的繩桁架，在近代工程學興起之前是獨一無二的。❶第三，他們建造船的工藝極為熟練；當時，建造一條長六十腕尺（腕尺，從手臂到手肘中指的長度。一腕尺等於

45.72 公分）、寬三十腕尺的船，只需十二天。

古埃及人不但有適合於尼羅河航行的船，而且有適合於航海的船。這些海船非常大。這些大船走出埃及，帶回來的不只是貨物，而且還有異地的文化；不只有所到之邦的文化，還有未曾到過之地的文化。在船隻的往來穿梭中，古埃及便融入了當時的國際文化網絡中，從而使得這個國家的人民具有了寬闊的視野，容忍、樂觀的性格。法老墓中的中國瓷瓶告訴我們的，正是古埃及人的這種精神。

尋找對外的窗口

儘管尼羅河縱貫古埃及全境，但它在開羅附近便分成兩支注入地中海，與臨近的紅海及廣闊的印度洋雖是相傍卻不連接，這使得古埃及對外的廣泛交流大大受到限制。

古埃及非常熱衷於與西亞、甚至中亞地區的交流和貿易。儘管通過陸路可到達西亞，但埃及的陸上交通極為原始和落後；而且，「陸上旅行危險勞累，長途跋涉要忍受饑渴及沙漠的襲擊，直到十八世紀，運輸和載重的動物只有驢。」[17]相反，造船行業在埃及極為發達。船不僅速度快，而且可裝載大宗貨物。但是，在尼羅河行駛的船隻並沒有通道進入紅海及大洋，如果要出海，只有在沿海地區專門建造船隻，這樣，對外的船隻數量及規模便大大受到限制。在這種情況下，有必要把

---

[16] 赫・喬・韋爾斯：《世界史綱》。
[17] 詹姆斯：《古代埃及導引》，大英博物館出版社。

尼羅河與紅海連接起來，人為地建立一個對外的窗口，以利於古埃及內部的東西「走出去」，國外的東西「走進來」，刺激和活躍本國經濟。

早在塞努塞爾特第三（Senusert III）以前的第十二王朝，便已開始了這一連接尼羅河和紅海的偉大計劃。這是從薩加齊格的尼羅河起，修建了一條運河，經過沙漠，到達俾忒湖（Bitter Lake）。第十二王朝的國王們之所以興建這一工程，是同他們注重經濟及對外交流的政策分不開的。第十二王朝的創始人阿門內姆哈特便曾親自指揮遠征隊去採石，他還主持修建了巨大的法雍湖水利工程。塞努塞爾特第三則對南部貿易的整肅作出了重要貢獻。他們提出這一構想便充分表現了他們的「對外意識」。

第二十六王朝的尼科王（Necho）繼位後，重新開始了第十二王朝已經開始的計劃。他指導開掘了這條古運河，使來自地中海或孟斐斯的船隻能通過尼羅河的「布羅斯提」支流進入紅海。尼科也是一個積極主張對外交流的人，他除在地中海建有艦隊外，還在紅海建有小型艦隊；他曾派這個艦隊去探察非洲海岸。也許正是為了使船隻航行到非洲各地更加便利，尼科決定重新進行那項偉大的計劃。記載說，他非常急於完成這條運河，徵集了成千上萬的勞動者。但是在即將完成的時候，尼科突然下令中止這項工程，因為神諭說，運河的完成必使外國人獲得好處而埃及受損。至於尼科中止這項工程的真正原因，我們不得而知。

到波斯大流士王統治埃及時，最後完成了這一項歷史性的工程。大流士（Darius）來到埃及後，一改其父岡比西斯（Cambysis）的軍事征服政策，採和平方式，恢復埃及的宗教及神廟，並注重發展埃及的經濟，其中最重的便是著手完成了

連接尼羅河和紅海的運河。

　　這條運河的建造歷史長久，但它的建成卻具有重要的意義。它為古埃及提供了一個走向世界的便利通道和窗口，促進了古埃及的商業發展。雖然古埃及國王並沒有親手完成這項工程，但他們提出這一構想並進行了實踐，這本身便表達了他們注重對外交流的意識。

　　同海洋相比，陸地像一個個「小島」，只有敢於走下海洋，才能打破陸地的封閉性。當一條條大河奔騰不息地流向大海，實際上是在召喚人們隨它而行。如果一個民族始終不敢或不願走向大海，而把本不封閉的大江、大河人為地封閉起來，終會因與外界隔絕而落伍。古埃及不辭辛勞，掘出一條入海通道的壯舉，正是源自這種不致使國土淪為孤島的意識。

可戰可商的要塞

　　古埃及非常重視邊境貿易，其中與努比亞的貿易非常頻繁。努比亞位於埃及南部，尼羅河的上游，由於有尼羅河相通，因而，他們很容易通過陸路或用船進入埃及。努比亞人大批地深入埃及進行盲目無計畫的貿易，必然會影響古埃及正常的社會經濟生活，也往往給不法分子找到可乘之機，進行武裝侵犯或劫掠，從而造成政治上的不穩定和邊境的不安全。但是，埃及又非常需要同努比亞進行貿易，以獲取自己所需的物品；而且同努比亞以南地區的貿易也必得通過努比亞，否則很難進行。因而，如果為了安全而關閉這裡的貿易，就等於關閉了與所有南方地區的貿易，這是得不償失的。為解決這一矛盾，必得想出一種萬全之策。

於是，古埃及人便在這一邊境地區建立軍事要塞，通過要塞而對前來的人進行嚴格檢查和控制，不得隨便出入。同時，又為前來貿易的人網開一面，給他們劃出特定的貿易點，使前來進行貿易的人集中在某些指定的地方。這樣，便使得古埃及對這一地區的貿易可進行有效的管理，避免了盲目貿易造成的混亂，也避免了外族人大量湧入而造成的社會混亂及政治危機，同時又可使這種邊境貿易能按照古埃及政府的意願進行，可謂一舉多得。

　　據一九六○年在努比亞的考古專家挖掘發現，早在埃及古王國時代，埃及人便試圖通過建立永久的據點來控制努比亞低地。距第二瀑布北端不遠的布恩諾斯便是一個據點，那裡由粗糙的石牆圍住，其物質文物全部是埃及式的。這個據點的建立便是為了與上努比亞進行貿易，以代替下努比亞作為中間人從中漁利或作梗的位置。此後，古埃及王朝在這裡建立了許多要塞，有塞姆納要塞、塞姆納南部要塞、卡馬要塞等，幾乎在各個通道及重要關口都有。這些要塞都由巨大的泥磚牆保護，每邊的角上均設有瞭望塔，地面上有溝渠，牆與溝之間還設有第二道防線，可謂戒備森嚴，任何人都難以輕易經過此地。除了要塞之外，埃及人還在隆起的岩石上設立瞭望哨，以便隨時把所探知的情況報告長官。在尼羅河兩岸邊境地區，還建造了一條幾公里長的城牆，城牆全由厚厚的磚砌成，堅固無比，上面有瞭望塔。這條城牆整個地阻擋住西南部地區的人進入埃及的去路。

　　有一則文獻這樣描述建立要塞的目的：防止任何努比亞人北進時經過此地，不管是步行還是乘船，甚至連牛也不讓通過，除非他們在伊琴進行貿易。這則文獻表明，要塞真正起到了守衛作用。它盤查過往行人，不讓任何人自由出入，甚至連

牲口也如此。但是，不管多麼嚴密，總得為前來貿易的人提供方便，只是要在規定的地方進行。伊琴是一個大要塞，這裡開放有大型的貿易市場，由埃及政府監督和管理。經過嚴密盤查而到來的人基本上都是正兒八經的商人，不法分子很難進入。

其實，埃及政府與努比亞及南方各地的貿易並不完全限於指定的要塞，大部分別的要塞也都進行小規模貿易。這樣，通過要塞，埃及便可換回所需要的物品，而政府的監督又有意識地使這種貿易納入古埃及的經濟軌道。誠然，古埃及政府建造要塞的用心可謂良苦。

外國商人特區的建立

古埃及後期，希臘人在地中海彼岸崛起，建成強大的城邦國家。雖然埃及與希臘之間有地中海相隔，但這對兩個強大而又善於航海的民族來講，根本構不成障礙，兩者的滲透和交流不可避免。很早的時候，希臘人，尤其是希臘商人便零散但又持續不斷地進入埃及本土，而埃及人對三角洲地區比較自由的政策，總使得前來的希臘人能找到立足之地。

漸漸地，希臘人便成為埃及軍隊雇傭兵的主要來源，而希臘商人也成為古埃及對外貿易的主要伙伴和中間人。第二十六王朝的薩美提克王（Psamtik）在位時，「建立了一支強大的陸軍和艦隊，但他的士兵大多數是希臘傭兵；他還邀請了很多希臘商人在埃及定居，並且讓他們住在城內。」[18]

雖然希臘人的到來給埃及帶來了某些好處，但也同時帶來

---

[18]　費里克：《埃及古代史》。

了不利。首先，埃及軍隊中希臘士兵成分的增多，使得希臘人一時擁兵自重，大有尾大不掉之勢。其次，大批希臘人的湧入，造成了社會不安定及許多經濟問題。希臘商人到達埃及後，很快就變得很富有，本地商人卻被排擠在一邊。尤其是在賽利民城建立以後，一批批希臘人開始移民利比亞，用武力強佔了利比亞人的土地，把利比亞人從家鄉趕出去。

雖然埃及國王曾派出軍隊去制止這一現象，但以希臘傭兵為主的軍隊是不願賣力打自己的同胞的。結果並未能制止這種移民浪潮。埃及人民對政府寬容希臘人極為不滿，當時在位的阿普利伊王（Apries）也因而失去擁護，大將阿美西斯（Amasis）取代他，成了埃及唯一的統治者。

由當時的形勢可以看出，埃及統治者對待希臘人陷入進退兩難的境地。取消希臘傭兵便削弱了埃及軍隊的實力，無法對付日益嚴重的西亞的威脅；限制希臘商人進入埃及，等於關閉了通向地中海的通道，這對商業的發展極為不利。但是，如果任憑希臘狂潮的湧入，又會造成社會的不安定以及埃及人民的不滿。

針對這種情況，新上任的阿美西斯王採取了有力的措施。首先，他把布置在邊境的希臘傭兵統統調往底比斯，用埃及軍隊代替他們的位置。對付分散而至的希臘商人的作法是，建立一個特別的外國商人特區瑙克拉提斯（Naucratis），把希臘商人都集中到西三角洲的這一地區來。希臘人可以把這裡建造成一個純粹的希臘城市，而且，能夠按照自己的形式建造廟宇，按照自己的願望經營市場。希臘人以及其他外國人都可以到這裡來居住，經營商業和貿易。這裡很快便成為埃及和希臘以及其他地中海國家的商業中心。

這一外國商人特區的建立具有重要的作用。首先，特區的

建立使外國移民和前來的商人相對集中，避免了因他們到處分散而造成的社會不安定，平息了埃及本土人民的不滿情緒；而且，這些外來人的相對集中，使得埃及可有效地對這一地區進行管理。其次，由於對這一特區實行自由政策，從而使這裡成了一個活躍的大自由市場，許多國家的商品在這裡匯集，在這裡交換，對埃及吸收外國的商品和傾銷自己的產品是有利的。而且，這種自由經濟的輻射力對埃及本土的經濟有一定的活躍作用。

另外，這一特區的建立可為埃及人借鑒和吸收外來文化提供一個窗口。商人們紛紛前來，不但帶來了各地的商品，也帶來了各地的文化和風俗習慣。這樣，各地的不同文化特色便可隨著經濟與貿易的交流而滲透到埃及來。

古埃及人的這種做法頗值得我們借鑒。要發展便要交流，這必然會使外國的經營者和外國商品等來到本土。如果因引進而不加限制，必然會造成混亂；同樣，如果害怕引起混亂而關閉國門，又勢必因噎廢食。建立一個特區，便可使兩方面結合起來，既可有效地管理並防止混亂，又能使對外的廣泛交流成為可能。

Chapter 5

神人互滲，治國選才

以神命而定王權

　　古代埃及非常重視王位繼承者血統的純潔性，必須是由具有王室血統的先王及王后嫡出的人或與王室血統嫡出的女兒結婚的人，才有繼承王位的資格，非王室血統的王子不能繼承王位，女子亦不能。這就是古埃及王通常同自己的女兒或姐妹結婚的原因。但是，如果一個王沒有嫡出的兒子，或只有女兒，或者王后的血系並非王室，必然導致王位繼承出現麻煩。而且，女人覬覦王位的事也經常出現。因此，如果那些非法當政的人不能為自己找到合法的藉口，勢必導致宮廷鬥爭。然而，出身血統並不能隨意更改，於是他們便搬出神來為自己說話。或說自己為神之子女，或說自己是神所指定。通過這種巧妙的方法，平息反對者的憤怒。因為，神意在當時畢竟是難以違抗的。

　　偉大的吐特摩斯王年老時並沒有男性繼承人，只有一個嫡出的女兒，名哈脫舍普蘇。他與非王族血統的妃子倒有一個兒子，仍沿用父名吐特摩斯。為合法繼承王位，小吐特摩斯與同父異母的姐姐哈脫舍普蘇結了婚，繼承王位，稱吐特摩斯第二。但哈脫舍普蘇有著堅韌的性格，一開始便把實際大權掌握在自己手裡，吐特摩斯第二成了名義上的王。吐特摩斯二世五年便亡，亦沒有生下兒子，於是，王位繼承又出現了問題。最後，人們選定一個也叫吐特摩斯的青年同哈脫舍普蘇一道統治。但是，哈脫舍普蘇並不滿足於此，她把這位青年送到卡納克神廟裡當僧侶，並派人監視，從而使自己成為唯一的埃及女王。她的這種作法激起朝臣的不滿，尤其是那些支持吐特摩斯的人。眼看就要釀成一場宮廷傾軋。

　　在這種情況下，哈脫舍普蘇便抬出了阿蒙神。她宣稱：阿

蒙神為產生一位埃及的神聖統治者，裝扮成吐特摩斯第一的模樣，到阿莫斯王后的臥室裡去。阿莫斯王后並不知情，便把他當作自己的丈夫來接待。阿莫斯王后懷孕末期，由兩位女神領到產房。孩子生下來以後，另外幾個女神把她獻給阿蒙神，阿蒙神承認她是自己的女兒。

哈脫舍普蘇講述的這個故事肯定是虛構的，意在証明自己的當政純粹出自神的意旨，而且自己便是神的親生女兒，從而有效地制止了不利於她的言論及行動。吐特摩斯三世及其追隨者不甘示弱，亦抬出神來對抗。他們說：在吐特摩斯三世還是一個小孩時，便在卡納克神廟中任僧侶。在一次節日中，他跟其他僧侶站在一起。僧侶們抬著太陽神乘坐的船，環繞著廟宇行走。忽然，這隻船停在他面前不動了。他換了一個位置，站到別的地方，船繼續環繞廟宇行走。可是，當走到他面前時，又停住不動了。這種情景接連發生了三次。於是，僧侶們聲稱，按阿蒙神的意志，他應成為埃及的國王。儘管雙方都抬出了神諭，為贏得統治權尋求依據，但最後還是哈脫舍普蘇勝利了，她平穩地統治了十七年。

到吐特摩斯第四時，王位繼承又出現問題，因為他並非真正合法的繼承人，阿蒙神的僧侶對他的繼承不甚滿意。為消除敵對者的懷疑並取得支持，他也抬出了神，以証明自己的王位是由神直接指定的：當初，他還是一個年輕王子時，到離金字塔不遠的地方打獵。中午，他來到斯芬克斯的陰影下稍事休息，不知不覺睡著了，並做了一個夢。夢中有神告訴他，他將成為埃及未來的國王。神又說：到了吐特摩斯以上、下埃及的王冠來裝飾頭頂的時候，他應該把堆積在神身上的沙土掃清，因為神感到不能呼吸了。吐特摩斯按照神所說的做了，在神的四周蓋了一座牆來防止沙土堆積，並樹立了一塊花崗岩石碑來

・哈脫舍普蘇的勝利

　　紀念他自己的事蹟。這塊碑石至今還留存在獅身人面像的兩爪中間，史稱「紀夢碑」。

　　他通過這一紀夢碑來向反對他的人們証明，他的當政是完全符合神的意旨的，對他的誤解便是對神的不敬。接下來的阿蒙霍特普第三，更以神的親生兒子為名來消除人們對他的不信任。因為他的母親並不屬於王室血統，他所娶的王后泰伊也沒有王室血統。於是，王室的其他人便向他質疑。為消除這些反對力量，他以哈脫舍普蘇女王為榜樣，把自己說成是阿蒙神的親生兒子。他說，阿蒙神曾到他母親謨特恩維阿王后的寢宮裡去過，從此便有了他。阿蒙霍特普顯然也奏效了。

　　哈脫舍普蘇及以後幾個國王的這種作法之所以能夠奏效，

而且自哈脫舍普蘇女王開始而一發不可收拾，是因為這種作法普遍利用了人們的宗教心理為世俗王權辯護。他們知道當時血統對王權的重要性，但他們也知道自己的出身和血統是明明白白的，想改變已不可能，掩蓋它也不可能。於是他們便不在這上面做文章，而是直接訴諸更高的權力源頭——神。

在古埃及，太陽神阿蒙為萬物之主宰，亦是王權得以存在的原因，無論是官員，還是神廟祭司，都對太陽神俯首帖耳，更不敢反抗他的意旨。那麼，如果太陽神親自指定誰為繼承人，即使該人並非有純正的王室血統，人們又有何話說呢！另外，這種以神意定王權的作法除了使自己的王位變得合法而神聖外，還有一個很大的好處，那就是通過神諭部分，避免了宮廷傾軋而造成的災難。如果王位繼承者不能對自己的王位做出解釋，勢必激起反對者激烈的反抗，甚至兵戎相見，於國於民都不利。而且，我們看到，這些非法取得王位的人亦非庸碌之輩，他們在位時基本上都做出了很大的成就，有些人還成為埃及歷史上的名君。

歷史由自己書寫

古埃及有一種依王朝更替而不斷變動的法老曆，它以每位法老的登基作為開始，每位法老逝去，依他而始的法老曆也告結束，繼之而起的是新法老曆的重新開始。因而，法老曆有始有終而又循環不已。這種曆法頗似中國的王朝曆。在中國古代，皇帝登基後，第一件事便是定國號、年號，於是某某元年便由他開始；在古埃及則是某某法老多少年。這種曆法在使歷史成為一個完整而連貫的系統的同時，又著重突出了每一位在

世的國王；它似乎在說明著，每一位法老的所作所為都將成為歷史，每一筆歷史都要由自己書寫。

法老曆頗符合古埃及人的韻律哲學及對秩序的尋求。在古埃及人眼裡，萬物有生有滅有復生，交替而循環，正如太陽神每日駕船由東方升起，傍晚在西方死去，落入群山叢壑，經過脫胎換骨而每日由東方重新復活一樣，法老也是由登基、死去再繼之以新的法老。每位法老在世時的所作所為已隨他的逝去而固定在紀年法之中，這種紀年法像一種永遠無法抹去的紀念碑，永遠鐫刻著法老的成與敗。事實也確實如此，我們所知道的法老曆的情況大部分來自殘存下來的紀念碑、紙草書及大建築物上的雕刻，每則文獻都落款有國王的名稱及法老紀年，而文獻的內容便是記載法老在位期間發生的事情。因此，這種曆法像一份份總結報告，把每位法老的形象都細緻地勾勒出來，不但為世人所知曉，亦為後世人所評判。

每位法老去世了，對他歷史的總結便告一段落，成功也罷，失敗也罷，所有的一切皆歸諸他本人。繼位的法老無權因先王的功勞而自傲，也無需為先王的罪過而背上沉重的包袱，完全可以輕裝上陣。他是一個新人，正在進行一個新的循環。從他登基的那一天起，對他的歷史的書寫便已開始。至於書寫上什麼內容，完全與其他法老無關。法老曆將忠實地記載他的一生，直至另一循環開始。這對每一位法老而言，既感到輕鬆，又感到一種壓力。輕鬆的是，他可以一切從零開始；壓力則在於，他一定要做出一些事情，填補那片空白。

這種曆法也非常符合古埃及法老的地位和特點。在古埃及人眼裡，法老並非凡人，而是最高神太陽神之子，因此，他具有神性。每位法老，作為神的兒子是平等的。當一位法老死去時，其實是回歸太陽神所駕駛的船上，繼位的法老則代行神之

職。在古埃及神話中，每位法老死後，回歸太陽神的途中須經過檢驗，這種檢驗便是坦述其一生所作所為，頗類似述職報告。因此，每位法老最後都要平等地面對太陽神。紀年汰的重新開始正符合這一特點。

此外，這種曆法還頗具現實性和靈活性。每位法老統治期間，不可避免地有興盛及衰落期，其中有成績，也有弊病。一位法老的長久統治，很難治癒自身的病症，正所謂「積習難返」。而且，對廣大民眾而言，也會對某一位法老長久的統治產生一種麻木感。

要知道，在古埃及這樣一個神權國家裡，法老是無法自動退位的，儘管他的統治可能搞得一團糟，也要隨著這種混亂的秩序維持下去。而法老曆所標誌的另一朝代及法老的重新開始，便會活躍一下人們的心裡，重新升起已經破滅的希望。在無權亦無法改變法老統治的情況下，法老更替無疑是一個他們宣泄感情的契機；他們希望這一法老更好，能補救過去的弊病，整肅混亂的社會秩序，發揚過去的長處，使生活的一切變得更好。

法老曆能清晰地區別出歷史與現實，使歷史得到兼顧，使現實得到注重，充分體現了歷史的節奏感。

造雨王

古埃及人選擇自己的首領有著獨特的標準，那便是看他能否有效地領導開發和利用尼羅河，保証人們免遭洪水之災，又能保証人們對尼羅河的便利之處加以利用。這項自遷移至尼羅河的先輩們開始便定下的標準，甚至深入到王朝時代人們的觀

念中。這一標準反映出古埃及人對尼羅河以及對智慧和才能的獨特理解。只有那些在尼羅河面前顯露出智慧的人，才最有資格成為領導人。

「在前王朝早期，定居於尼羅河畔的各村獨立，每村皆有一位頭人。這位被推舉為頭人的人往往有著造雨王（Rainmaking King）的美稱。❶」王前面冠以「造雨」，說明要成王的先決條件是能夠造雨。但在古埃及特殊的環境下，「造雨」一詞並不是指此人有呼風喚雨之法力，而是指他能否有效地治理常常鬧脾氣的尼羅河。

由於古埃及乾旱少雨，每年一度的尼羅河泛濫便如同及時雨。在與尼羅河進行搏鬥而建立家園的初期，控制尼羅河水的好與壞直接影響到他們的生存與生活，因而，治理尼羅河也便成為他們心目中最大的事情，那些在治理尼羅河水過程中湧現出來的智者便受到人們普遍的愛戴，從而被推舉為首領。人們給這位頭人和智者賦予造雨王的稱號，並賦予他極大的魔力，希望他能一直保有這種魔力，一直能在治理尼羅河方面有所作為。直至今天，仍然有許多非洲的部落稱自己的王為「造雨王」，這同古埃及人選擇王的心理不無關係。

但是，「造雨王」的稱號在古埃及並不是終身享用的，而是同他治理尼羅河的成績密切相關的。如果他後來治理尼羅河無效，政績平平，人們便認為他的魔力已經消失，於是便把他殺掉或廢黜，而由另一位同樣在治理尼羅河方面成績突出的人來擔任。

由「造雨王」這一稱號，我們可以看出，古埃及人選舉首領的標準是「任人唯賢」，可稱之為原始的「賢人政治」。賢

---

❶ 特里格爾：《古埃及社會史》。

則王，不賢則被淘汰。

歷史跨進王朝時期，雖然這時選王已不再純粹以能否治理好尼羅河為標準，而且選舉方式也由民主改為世襲，但是，作為一國之王，治理尼羅河仍是其主要職責之一。許多國王便因造福後代的水利工程而名垂青史。每位法老繼位，除安定四邊外，主要的職責便是修建或修繕大型水利工程，以此取信於民，造福於民。

第一王朝的建立者美尼斯就曾建壩分流，在被大壩保護的土地上建立了孟斐斯及主要神廟，以獻給帕特神❷。第十二王朝的阿門內姆哈特法老以法雍湖為中心，建造了大型水利調節工程。這些大型水利工程正標誌著他們之所以為王的政績。

古埃及的一個重要節日「賽德節」（Sed-Festival）仍能透出早期「造雨王」的痕跡。賽德節在國王統治三十年後舉行，以後每隔三年重複一次。舉行的地點通常在孟斐斯。屆時，各地諸神均到來向國王表示敬意。舉行的活動包括為作為上、下埃及之王的國王加冕，舉行儀式性舞蹈。

更為重要的是，在此期間，國王要被象徵性地殺死並重生，使國王的力量和智慧儀式性地煥發青春。這一習俗便保留了初始部落選舉首領的習俗。這種把國王象徵性地殺死並使其復活的儀式說明，國王治理尼羅河的效力仍是人們對國王的重要要求之一，只是把這種實際的要求同虛幻的理想混而為一，把實際的再選拔變為對國王自我改善的寄托了。國王在位三十年後舉行這一儀式頗有道理。在位三十年期間，國王一般還都不算老，精力還算充沛，因而完全有著領導全國人民建築大型工程及治理尼羅河的能力。但三十年後，很多人已老態龍鍾，

---

❷　特里格爾：《古埃及社會史》。

精力衰退了。於是，人們便舉行這種把國王象徵性地殺死並復活的儀式，指望他能重新恢復昔日的智慧和力量。

師古鑒古

　　每位法老繼位，往往命令書吏編纂前王的名單，把逝去之先王的名字有序地排列下來，刻在石碑上或者書寫於紙草上。在名單上並沒有過多的言語及記述，只是在每位法老的形象上方寫著國王本人的名字，名字用橢圓形方框框起，這正是商博良所發現的標誌國王名稱的特殊符號。有的名單上，除了記錄國王的名字之外，還附有簡單的事蹟記述。其中著名的有《巴勒莫碑》和《都靈紙草抄本》。

　　《都靈紙草抄本》中，記錄了自埃及有史以來直至我們紀年前一二○○年的全部法老的名單，並附有他們的事蹟。

　　這些國王的名單雖然簡單，有的簡直就只是國王名字的排列，但是，它的容量非常大，把幾千年的文明史全部濃縮在小小的石碑或紙草卷上。把一代代王朝的更替興衰編排在秩序的長河中，它摒棄了世事的紛亂，留下了歷史的主幹。這長長的國王名單，體現著古埃及人師古鑒古的精神。

　　古埃及人編纂這樣的國王名單，可以讓歷史維繫現在。既然君權由神授，法老作為神之子維持神所創造的宇宙及社會秩序，那麼，每一代法老在承繼權力的同時，也承繼了任務。這一任務由神最先設定，由一代代法老維持下去，那麼，現任法老便具有承先啟後的職責。他要瞻前顧後，因為前面有神及逝去之國王的眼睛在注視著他，看他是把傳遞給他的火炬燃燒得更明亮，還是使它奄奄將熄。每一位法老都是傳遞火炬之隊伍

中的一分子，是一連續之鏈上的一環，拋卻了過去，便找不到自己的位置，也使自己的權力及權威失去源頭。當一位法老正式上了國王名單時，便等於完成了神所交付的任務，那名單也便成了功勞簿；否則，便等於沒有完成任務，有上不了名單或即使上了名單也臭名遠揚的危險。

事實上，在有些國王名單刻石或紙草書上，確有某些國王被漏掉了。那些被漏掉的國王往往是在埃及歷史上最無所作為，或埃及歷史上最混亂時期的國王以及那些非王系血統的篡位者，他們的被漏掉正是想使秩序的長河更加完美：「過去是秩序的原型，是前王政權連續和平的更迭，每位國王都直線型地把王位傳給繼承人，這反映出和平而又穩定的偉大時期事物本來的面目，也間或反映出歷史是什麼的基本觀點。」秩序的維持與否在於他是否把王位和平而又穩定地傳給下一代，並使其在國王名單上清晰地反映出來。

編纂國王名單，可以向歷史老人請教，獲得歷史老人的魔力和智慧。這一點我們在伊西斯和太陽神的傳說中已經可以看出。因為，許多智慧已為前王所擁有，許多秩序已為前王所創定，後世國王要善於吸取和利用，才能事半功倍。古埃及法老也確實這樣做了。十三王朝的法老尼弗爾荷太普為給奧西里斯的新雕像找到一個正確的形式，曾虔誠地巡視「作品室」，考察「阿吐姆古集」。他們認為，這一形象是由造物主在天地之初便已設立，因而，須首先在這其中尋找。

編纂國王名單，可使現世國王以古為鑒。法老雖然具有神性，但也並不是所有法老都能把國家治理得井然有序。在埃及，就曾出現過大混亂、大動盪的時代，如第一中間期、第二中間期等，那時，整個社會處於不安定及缺乏正義之中，一切皆亂了。正因為有這種不安定及缺乏正義的時期存在，才能時

時為法老敲響警鐘，使他們以古為鑒，避免使自己成為不義之王。那些不義之王雖然有時也登上國王名單，但往往成為奇文逸事攻擊的對象。

有記載說：第九王朝的凱替（Kkety）法老「行事殘暴，遠甚前人，為所有埃及人帶來災難，後來患上瘋病，為鱷魚吞食。」歷史上，凱替並未為鱷魚吞食，人們這樣說是表達對不義之王的痛恨。因而，在名單上的賢王永為人們所緬懷，而名單上的殘暴之君在埃及人注重過去的習俗下也永不會為人們忘記和原諒。這就提醒法老們時時注意，別淪落為被指責的小人。

正義為準繩

古代的法庭上都掛有「明鏡高懸」、「正大光明」之類的橫匾，用以標誌法官的公正。因為法庭本身的設立，便是對訟爭雙方進行仲裁，做到合理的判斷，使受害者得到補償，使欺人者受到制裁。如果法庭本身有所偏向，有失偏頗，便失去法庭的意義。但是，原則上雖然如此，但那高高懸掛的匾也經常會傾斜，使所判案件與匾的標榜構成一幅諷刺的畫面。

古埃及法庭上雖然沒有這樣顯眼的橫匾，但也有另外的標誌正義和公正的象徵物。首席法官的脖子上通常掛著一串金鍊，金鍊下面垂著一個代表真理女神的小像。這是在說，法庭的審判是以真理和正義為準繩的，它像一根鎖鏈束縛著法官、監督著法官。真理女神在古埃及是個非常重要的神祇。她是拉神之女，也是最高神得以容光煥發的食物。她一身兼有多種性質，既代表真理與正義，又體現著秩序，還是一個掌管公平的

· 正義女神

神職。在來世的審判廳裡，就是拿代表她的羽毛來與人的心臟相衡量的。因而，首席法官選擇她作為法庭的象徵物，並不比「明鏡高懸」之類的東西遜色。當法官一戴上這尊小像，便標誌著正式進入法律程序之中，進入一個講求正義、不講情面的氛圍之中。

　　但古埃及人並不只是把正義標榜在這尊小小的象徵物上，在實際上，他們也定出許多措施來力求公正，使公正落到實處。首先，法庭的法官是精選產生的，中選的標準是此人必須正直和有學識，無能、昏庸之輩是不能忝列其中的。

為使選舉出來的法官精幹，他們規定只從三個主要城市——台伯斯（Thebes）、孟斐斯、赫利奧波里斯（Heliopolis）——中分別選出十個人，這三個城市三十個人便組成法官委員會，共同主持、審理案件。在第一次聚會時，這三十個人便共同推舉一位最傑出的人擔任領導人，稱為首席法官。他負責主持整個審判。首席法官和由選舉而產生出的審判團共同審判，共同商議，並對犯罪雙方多方觀察，最後便可做出最接近公正的判決。

　　為避免法官本人因接受賄賂和貪財而置公正於不顧，政府特別給予這些法官大筆薪水，這筆薪水足以供給他們維持生活及其他項目的開支。由此看來，古埃及政府已經注意到賄賂對法律的腐蝕作用。

　　政府還規定，法官在審判時必須不帶任何感情，對窮人和富人要一視同仁，始終記住法律的準則，即給受欺者以保護和幫助；法官的判斷要以法律為藍本，即在傾聽了被告和原告的申訴後，法官不能依自己的主觀判斷草率地做出決定。他身邊放著八卷律法書，裡面記載著各種法律條例和以前著名法官的案例；法官在審查案件中必須隨時翻閱，做到有據可查，以避免盲目性。

　　古埃及對法官有一種很妙的描述，那便是：法官是閉著眼睛來審判的。也就是說，法官並不需用眼來打量原告和被告，以免加進自己的感情，或憎惡一方，或同情一方。他只需根據聽到的証據來衡量其中的問題，因此，重要的是用腦而不是用眼。有意思的是二古埃及人描述正義女神時，也給她的眼睛蒙上一個眼罩。這是在向人們說明，正義在心中，它就像一桿秤，不需任何附加作用，穗能反映出真實，儘管冷酷，但卻不偏不倚。

正因如此，法庭也要求被告、原告和証人們誠實正直。做假証不但被認為是不雅之舉，而且，如果它對其他人構成傷害，便要受到法律制裁。對死者誹謗要受到嚴厲的懲罰；虛假地控告某人要承擔被控者的罪責。

因而，古埃及人已經注意到正義在法律中的重要作用，並懂得如何使法律中的正義得到維持。法庭只有以正義的面目出現，政府才能取信於民，使社會秩序相對穩定。不管這種措施之效果如何，但以正義為準繩並為此而努力，本身便具有重要的意義。

統權與分權

權力只有有力的統一，才能對分散的權力有所限制，使它在一定的程度內發揮作用。反過來，只有具體的分權，才能使整體中的各個環節充滿活力，從而避免統得過死的局面。同樣，秩序和和諧的理想並不是死氣沈沈，而應是各種力量衝突中的和諧。這一哲學由古埃及人以寓言的形式描繪出來。

《雙狗石版》（Two——Dog pallette）、《那爾邁石版》（Narmer Pallette）和一件象牙刀柄，雕刻的都是成群動物的形象。在《雙狗石版》中，左下角代表塞特的動物吹起長笛，似在鼓動著動物之間進行爭鬥；下面，獅子追逐並撕咬著羊，牛兒在驚惶中奔跑，形成一幅強弱不平等、爭鬥的混亂場面，但這混亂場面卻圍於強有力的平衡中；上面，兩隻雄獅以中軸線為界，面對面地對峙；在石版邊緣，兩隻同樣大小的狗組成石版的框架，構成最終的平衡。

這種平衡統領並包容著內部的混亂。在象牙刀柄圖案中，

下面也是一幅混戰的場面，兩隻狗不知所措，一隻獅子已抓住了一隻羊，另一隻羊邊奔跑邊回頭，看是否甩掉了追逐者；但在上部，兩隻狗以中間的一塊圓石為界，形成對峙；最上部，一個獵人正有力地分開兩隻對峙的雄獅，獵人與雄獅的構圖平衡而又穩定，一下子使混戰的場面變得富有秩序。❸

這些圖案其實描繪了真實的古埃及社會，體現了統權與分權的理論。統權的一面由法老的形象所代表。在古埃及，法老承自聖潔的血統，為神之子，他是由千百萬人中選出來的，不論平民或貴族，在他面前都得卑躬屈膝。

理論上，「天下之民，莫非王臣；率士之濱，莫非王土。」擁有對全國的統治權。他頭戴雙重王冠，稱「上、下埃及之王」；他是荷拉斯及拉神的大祭司，是宗教領袖；他還是軍隊的首腦。但是，在古埃及文獻中，我們發現，雖然古埃及法老在理論上具有無限的權力，但實際上並沒有真正的權力；他不能處理任何公共事務，亦不能責罰任何人以取樂或泄忿，必須按照法律及道德標準辦事。

第六王朝，一位王后因犯罪而被法官審判，國王並未在其中干預，亦未在卷宗中出現。國王可能最後做過判定，但最後的判決及懲罰純粹是法律上的事情，國王並無權干涉。國王實際上成為一種標誌、一種符號，他的活動完全按照約定俗成的慣例進行，無權干涉具體事物。

具體的權力完全掌握在宰相及其他大官員手裡。國王手下，大官員眾多，有宰相、「執扇官」、「國王之眼及耳」、「公牛荷拉斯的書記官」、「王室掌璽者」、「大法官」等等。具體再下分便是大大小小各級書吏，主持日常的具體事

---

❸ 特里格爾：《古埃及社會史》。

・諾姆的統治者

物。這些人把國王名義上的權力進行實際的劃分和掌握，政府的運行全靠他們各負其職。分權更具體地表現在，國王的權力需要不斷再分，以至各個諾姆都處於獨立狀態。❹

在古埃及，每個諾姆基本上都是一個小國家，地方政府的首腦便成了一個小國的國王。在諾姆中，地方首腦保持著軍事首長、審判官及最高祭司的功能，中央政府基本上無權干涉。當中央政府強盛時，地方諾姆便為王國的一個省分；當中央政府衰弱，地方政府復活成為一個小國家，此時，地方首腦往往按照自己的任職年來記錄，而不採用國王的年號。每個諾姆還有自己的地方神，與最高神並行不悖。

---

❹ 特里格爾：《古埃及社會史》。

這種統權與分權在古埃及政治生活中非常微妙。為使圍繞尼羅河而居的各個地區的人團結起來，共同開發和利用尼羅河，加強抵抗自然災害的能力，協作建設一些對各地都有利的大工程，必須有一個權威進行領導，這就需要一個具有無限權力的中央政府，在總體上進行平衡和把握。如果他的權威喪失，必然引起混亂，造成工程失修，土地荒蕪，社會動盪。但是，狹長地域不同地區的生產生活又不宜統得過死，需要地方上的靈活性，中央面面俱到的控制反而會使地方停滯不前，因而又需要地方的自主性和靈活性。其次，由於各地相對處於獨立狀態，即使中央衰微時，地方亦可有效地組織生產生活，不致因上面亂而造成全國大亂。

　　這種統權與分權的統一共同構成了社會的秩序與和諧。

一國兩制

　　「一國兩制」是一個很時髦的字眼，它是說，在一個統一的國家內，允許存在著兩種制度，這兩種制度可以相類似，也可以截然相反，不必強求一致。由於歷史或其他原因，某一地區有著自己獨特的生存方式，有著約定俗成的習慣，如果強求一致，勢必影響這一地區的發展，甚至引起混亂。「一國兩制」便是從大局出發，求同存異的作法。

　　幾千年前，古埃及便實行著這種「一國兩制」的制度。我們知道，埃及有上、下埃及之分，孟斐斯以南稱為上埃及，孟斐斯以北稱為下埃及，兩者雖然共享一條尼羅河，但在很多方面都有所不同。上埃及基本上處於內陸，在他們的地段內，尼羅河是一段內河，文化具有明顯的非洲特色；而下埃及則為三

角洲，呈扇面形展開，屬於向外開放地區，這裡的文化有亞洲、非洲和地中海文化相混雜的特色。雙方各有自己的都城，各有自己的崇拜物。

前王朝時期，南北分立，各形成一個獨立王國。在南方，上埃及的王戴白冠；在北方，下埃及的王戴紅冠。另外，還有很多標誌區分著南北的不同：樹與蜂、鷹與蛇、塞特與荷拉斯等，它們分別代表著上、下埃及。

後來，也許是為了開闢通向亞洲的出口，上埃及王那爾邁舉兵進軍下埃及，征服了北方，實現南北的統一。但這種統一非常有限，只是主權上的統一，並未觸動下埃及的體制。

「統一前後，人們的生活變化甚小。」❺費里克教授指出：「三角洲的居民開始時並不歡迎這種統一的局面。這也是很自然的事，因此國王就不得不設法討好他們。他在這裡宣布自己是下埃及的國王而沒有說是全埃及的國王，以下埃及獨立國王的名義加冕，並且遵從一切作為下埃及國王的制度和傳統」❻這說明，那爾邁只是在名義上統一了全國，實質上，上、下埃及的分立仍然存在著，下埃及還是一切按照原來的制度發展。

從埃及國王加冕的情況也反映出這種一國兩制的情況。埃及統一之後，國王並不稱埃及國王，而是稱上、下埃及之王，他必須加兩次冕，必須舉行作為上埃及國王和下埃及國王的兩種典禮。這個習慣一直保持到埃及歷史的末期。在這種情況下，埃及國王只是以雙重身分管轄兩個國家，而不是把兩個國家統一在一起。

---

❺　特里格爾：《古埃及社會史》。
❻　費里克：《埃及古代史》。

古埃及實行這種「一國兩制」的作法，首先保証了國家的統一。如果不是維持下埃及的特點，而一味地用強力尋求一致，勢必造成三角洲地區的反抗，即使暫時的統一必然帶來無窮的後患。到那時，便不是喜不喜歡的統一情況，而是連年的混戰及社會的動盪。這種不觸動地方利益的和平統一保証了社會平穩地前進。其次，在這種一國兩制的體制下，會形成兩種統一而又對立的力量，兩種力量的互相鉗制、互相促進，反而會給社會發展帶來活力，避免大一統體制下的僵滯局面。

古埃及很多圖畫便描繪了這種對立統一力量的作用。塞努塞爾特一世宮殿裡有一件淺浮雕，一個氣管和肺的象徵畫貫穿上下，兩株植物在這氣管上打成一個平結，左邊是一簇紙草莖，是下埃及的紋章植物，右邊是一束蘆葦，是上埃及的象徵物，塞特和荷拉斯各抓住一株植物站在兩邊。這幅畫說明，古埃及的活力及生命繫於上、下埃及的對立和結合，只有在這種對立統一中才能達到真正的和諧。

保守中求發展

孟德斯鳩認為，古代羅馬人之所以會成為世界霸主，是因為他們看到比自己更好的習慣，就立刻放棄自己原有的習慣；眼光不立足於本土，不拘泥於歷史，一直有一種對外的姿態，吸收外界的東西以改變自己，從而使自己越來越健全，越來越強大，在改變中求發展。而希羅多德在評價埃及人時則完全相反，說埃及人天生保守，遵守著祖先的習俗，不在這上面增加任何東西。

希羅多德遊歷埃及時，古埃及已經走過了幾千年文明的歷

程，也許正走向衰落，而此時希臘已經崛起於世界舞台。當希羅多德說古埃及人保守時，也許是在歸納古埃及所以走向衰落的原因。但是，也應該看到，正是這種保守的性格支撐著古埃及人幾千年文明的輝煌，它散發出的光芒至今仍未散盡。

從某種程度上來說，古埃及人確實是個保守的民族。當世界其他民族由崇拜多神而慢慢發展到一神崇拜時，古埃及儘管有那麼長的信仰歷史，最後還是多神競存。阿肯那頓王唯一的一次嘗試，也未曾在古埃及的歷史大潮中掀起什麼波瀾，反而被吞沒得無影無蹤。古埃及的藝術風格自第一王朝的美尼斯時期便已定下格局，幾千年間一直未曾有什麼變更，同樣地雙腳側立，同樣地雙手僵置，同樣地面露威嚴，冷漠地注視著人間的風風雨雨。早在公元前三〇〇〇年，尼羅河地區便已是人類生產力最發達的地區之一；但是，兩三千年過去了，古埃及農民仍使用著祖先留下的農具和耕作方法，未見任何顯著的變化。文明之初，古埃及便已開始從事商業，但是，一直到一千年後的中王國時代，仍停留在物物交換的階段，到新王國時期，也沒有發明真正的貨幣。而且，統治者一直宣揚「杯水止渴」的生活準則，要求人們滿足現狀，做一個「默默無聞」的人，不要做一個滿肚子存在幻想的人。

然而，古埃及人難道真的是這樣保守而不思進取嗎？如果是，他們就不會把馬斯塔巴改造成梯形金字塔，就不會把梯形金字塔改造成彎塔，就不會把彎塔改造成真正的金字塔；如果是，托特莫斯王就不會在征戰時，攜帶埃及的美術家和有學問的人去記載所發生的事情以及他所注意到的各種現象，並努力把許多獸類、鳥類和植物介紹到埃及來；如果是，古埃及人就不會建造那麼大的海船，派出那麼多龐大的船隊，前往亞洲、非洲等地去拓展，去貿易，去探險；如果是，古埃及人就不會

容許希臘人及希臘文化慢慢滲透進來，以容忍和大度接納這些外來人，並專門闢出一方土地，讓他們按照自己的習俗和文化建造獨特的城市。

由此可見，古埃及的保守並非僵化的保守，古埃及的保守只是不允許外來的東西或新奇的東西來衝擊、替代屬於本民族的東西；他們的吸收只是在於豐富自己，傳統和本土是他們的立足之本，為了維持它們，古埃及人寧可採取保守的姿態。徹底的改變雖然會得到很多，但也會失去已經得到的。

這就是埃及人的性格。他們的保守並非懶惰，也並非如湯恩比所說的無可救藥的巨型混凝土，而是古埃及人為保全和發展自己而採取的必要姿態。古埃及是一個必須保持秩序的社會，賴以生存的尼羅河定期漲落，決定著農業的豐歉和國家的生存。當它有著規律和韻律的時候，古埃及人便富裕、便安定；否則便會陷入貧窮和混亂。在與自然最貼近的古代，這一特殊的自然現象使古埃及人有了對秩序、對韻律的渴望和尋求，他們所要做的只是維持這種韻律，祈禱這種秩序，內心最擔心的便是這種秩序的消失和破壞。以此為基礎，他們也要求其他事物都有秩序，任何超出常規的東西在他們眼裡都是不能容忍和接受的。

另外，埃及民族並不是一個純粹的種族，而是一個沿尼羅河而居的各種族的聚合體，這一聚合體本身的發展，需要的也是秩序。如果各部落、各諾姆之間不是相安無事，而是干戈四起，造成的就不只是部分的破壞，而是整個文明根基的摧毀。因此，古埃及人之所以小心翼翼地保持傳統，不思大的改變，是因為他們不得不如此；只有這樣，才能首先保證國家和文明的存在。

因而，古埃及人保守的性格並非他們慢慢走向衰落的原

因，反而是他們立穩腳跟並慢慢走向繁榮的原因。希羅多德的那句話說對了，只是我們不能從現代的意義上去理解和評判它。而且，他這句話也許提醒了後來的希臘和羅馬占領者去做進一步思考。當他們占領埃及時，他們也開始考慮古埃及民族的特點，並沒有按照希臘、羅馬的標準去改造他們，而是處處維護古埃及人原有的傳統和習慣；因為他們認識到，激變的結果只能失去埃及。波斯人由於沒有能夠認識到這一點，結果只是在埃及土地上曇花一現。

從階下囚到重臣

約瑟在以色列的家中完全是一個地道的紈褲子弟，吃好的、穿好的，舉止傲慢，不把哥哥們放在眼裡。他的哥哥們非常氣憤，於是合計把他賣給一夥以實馬利商人，這些商人把約瑟賣給了埃及法老的侍衛長波提法。就是這樣一個被賣身為奴的異鄉人，在埃及卻獲得與他的身分極不相稱的尊貴地位。

當時，侍衛長波提法是埃及最有權勢的內臣之一，約瑟便成了他的奴僕。由於約瑟聰明能幹、勤奮忠誠，深受主人賞識，很快便被委以重任。最後，波提法任命約瑟為總管，將全部家業都交給他管理；而約瑟也未辜負主人的信任，事事都辦得很好。但是，好景不長，波提法的妻子愛上這位端莊俊美的男孩，千方百計引誘他。約瑟堅拒不從，反被誣告。波提法回到家中，聽信妻子的一面之辭，把約瑟投入獄中，成了階下囚。即使在獄中，約瑟也仍保持殷勤有禮的特點，很快便博得典獄長的好感。於是，典獄長任命他看管其他囚犯，把日常事物統統交給他辦。就這樣，依靠他的聰明伶俐，辦事果斷有條

理，又一次次得到提升。

有一夜，法老做了一個夢，夢見從河裡走出七頭肥牛，在河邊吃草，忽然從河裡跑出七頭瘦牛把肥牛吃掉了。還有一次，他夢見地裡長出七顆籽粒飽滿的麥穗，隨後又長出七顆沒有籽粒，被風吹得乾癟癟的麥穗，把七顆飽滿的麥穗吃掉了。這樣的夢使法老寢食不安，便下令召集全埃及所有的術士和博士來圓夢，但他們絞盡腦汁也無能為力。法老正在苦惱之時，一個司酒的酒政想起了約瑟，因為酒政曾在犯罪而被囚禁時，約瑟成功地為他圓過夢。於是約瑟被召進宮，並解開了這個夢的謎底：埃及將有七個豐年，之後便會到來七個災年。釋過夢以後，約瑟還建議法老立刻做好應急的準備工作，委任一名賢臣，豐年儲備以補災年。法老非常欣賞他的能力，於是當即任命約瑟為宰相，並發出敕令：我是法老，在全埃及，沒有你的命令，任何人不得擅自行動。

約瑟由奴隸而成為總管，由階下囚而成為獄頭，繼而成為位極人臣的宰相，從這種高低起伏中，我們可感受到約瑟命運的坎坷。但是，每一次逆境都沒有致他於死地，而是不斷地走向上層。在這一起伏中，首先，我們看到了約瑟的智慧和能力。約瑟因為聰明能幹、勤奮忠誠而為侍衛長賞識，又因殷勤有禮、辦事果斷有條理而為典獄長所信任，最後更因釋夢的奇能而為法老所重用。因而，約瑟大難不死的祕訣不是別的，正是他本身的能力。他沒有良好的出身，甚至連埃及平民也不是，只不過是異邦的一個賣身奴而已。在這種情況下要活命，要獲得功名，他不能依靠別的。

另外，從約瑟的經歷中，我們更應該注意侍衛官、典獄長及法老的形象。雖然約瑟是一個用錢買來的異邦奴隸，侍衛長並未因此而虐待他，而是把他同其他人一樣看待；當發現他的

· 約瑟的才華

才能時，根本未考慮他的出身貧賤和異邦家系，立即便委以總管之職。甚至在得悉約瑟做了「大逆不道」之事以後，也並未舉刀把這位異邦奴隸殺死，而只是把他投入監獄。典獄長也沒有因為他是一個外國囚犯而對他另眼相待；相反，當見他辦事果斷有條理時，便讓他當上了獄卒頭子。比較之下，法老更是爽快，當約瑟為他釋夢時，他並未顧忌約瑟是位外邦奴隸，也未顧忌他是一名在押的囚犯，卻根據他的才能，而立即委以他宰相之職。

　　這一出自以色列人手下的故事，雖然有意渲染他們所尊敬之先祖的智慧，把約瑟說成一個大智大勇之人，但從另一方面

也不自覺地道出古埃及統治者「任人唯賢」的原則。在古埃及統治者眼裡，良好的出身雖然重要，但真才實學更為關鍵。約瑟從階下囚到重臣的經歷，體現了古埃及統治者自上而下愛才惜才的思路。

「書吏學校」與「生活之家」

　　為籠絡人才，國家並不是只等有為之士自投羅網，而是主動招賢納士。其中一個重要的措施便是開辦「書吏學校」和「生活之家」，使經過培訓而合格的人源源不斷地供國家使用。書吏學校一般設在王室或神廟裡。這本身便是一種殊榮，因為無論神廟還是王宮，都是令人羨慕之所，並不是誰都能隨意踏進的。由於書吏學校是為國家培養高級人才的場所，因而，它高於一般學校。「生活之家」為書吏高等學校，那些優秀的學生便可到生活之家學習。在生活之家畢業的年輕書吏便會被委派到國家機構任職，做出成績的便可得到提拔。

　　書吏需要有真正的才學，他要掌握各方面的大量知識，適應不同方面的需要。就拿古埃及文字來說，學好它相當困難。其文字結構相當複雜，由各種圖形組成的常用符號便有七百多個，其中有的表意，有的表音，有的兩者兼具，形成一門錯綜複雜的文字體系，因而要精通非得經過大量刻苦努力的學習和嚴格的訓練。除了學會閱讀，熟練地書寫各種文字，撰寫公文、信函、申請書、法庭記錄外，還要學習幾何、天文、算學、歷史等課程。由於書吏的工作範圍很廣，涉及到政治、經濟和宗教等各個方面，學習量非常大，所以學生要在五歲便入學，一直要讀十二年才畢業；而且，學校制訂許多清規戒律，

保証學生一門心思讀書。一篇教諭文中說：「每天都要用功讀書，這樣你將會熟練地掌握文字；不要懶惰度日，不然你就要受到鞭打。要知道，男孩子的耳朵是長在背上的。」

　　儘管在書吏學校學習很苦，但人們還是願意把孩子送到書吏學校去，因為，只有通過書吏學校，才能當上書吏，從而找到通向統治上層的鑰匙。儘管送到書吏學校去的往往是富家子弟，貧苦的孩子很少，但是，書吏學校的大門是對所有人都敞開的。在等級森嚴的埃及社會，此舉已經相當不簡單；它一方面表達了國王招賢納士的誠心，另一方面亦為窮苦人「朝為田舍郎，暮登天子堂」的夢想提供了一個成真的機會。這同中國的科舉制度頗有些相似。窮苦之人有時也拚命苦讀，以期將來能榜上有名，從而一步登天。對統治階級而言，不管出身如何，只要有真才實學，它都樂意接受。

　　書吏學校的開辦在當時有著極為重要的作用。首先，它為國家輸送了源源不斷的人才，以適應社會生活多方面的需要。其次，書吏學校由官方開辦，其中所學的內容及考試標準均由國家規定，因而培養出來的書吏必然在思想上傾向政府，為統治者服務。第三，書吏學校的開辦在全國形成一種崇尚知識和文化的風氣，才學之士便可在這種氛圍中脫穎而出。

小小書記官

　　在古埃及，有一個特殊的階層——書吏，他們的形象大都是盤膝書寫，雙唇緊閉，雙目炯炯有神；偶然間抬起頭來，近乎緊張、聚精會神地傾聽著人們的重要談話，生怕在自己的記錄中漏掉一句，緊張而又瘦長的手指隨時準備記錄下他所聽到

的指示。雖然他們並未身居高位，卻有著不可小覷的地位和作用，受到世人無盡的讚美。即使他們去世，他們的名字仍將存在……書吏們的名字，因他們編製的手冊，始終顯眼耀目……人們對他們的記憶一直延續到永恆……比墓銘更有用的東西莫過於書籍。

書吏只不過是祕書或書記員之類的人物，為什麼會受到如此的尊奉呢？原因很簡單，他們是社會中的文化人，具體掌握著統治者用來統治的鑰匙──文字。因此，對他們來說，不需要顯赫的地位，不需要良好的出身，只是那一掌握文字的能力便足以贏得國王重視、眾人讚美。他們的作用是巨大的，「當書吏住筆，從他的紙草書上抬起頭來時，眼前的景象是一大堆並無秩序的東西。確實，書寫行為的實質是把複雜及混亂的現實變為可理解的秩序。」在古埃及，法老作為整個國家的最高首領及神的代言人，只是在總體上把握整個國家的秩序，而維持這一秩序的細節卻是由書吏進行的。

早在第一、第二王朝時期，國家每兩年便要派人清查全國的土地、人口、牲畜及其他財產，以確定租稅的數額。清查時，必須由書吏進行記錄。田地需丈量、人口要普查、每個人及其財產均要列出清單，這一系列經濟活動的組織和管理均離不開書吏。而且，隨著中央集權君主專制制度的出現，法老政權更在多方面需要書吏：協助制定中央和州政府祭司的等級制度及各自應承擔的宗教義務，王室和祭司對可耕地、畜群、礦產、糧食、公共工程、法庭和稅收的管理制度，負責記載各朝歷史，傳達國王的命令，抄寫政府公文和神廟的宗教文獻等。

實際上，書吏幾乎壟斷了所有的專業活動，其中有公文書吏、書信書吏、軍隊書吏、國王書吏、聖書書吏等，他們成了中央政府與地方的具體聯繫人。他們上可達法老、貴族和祭

司，下可達一般民眾。如果那個龐大的官僚機構缺少了這些書吏，必然陷於癱瘓狀態。因而，書吏儘管在古埃及並不屬統治階級上層，但卻實質上握有大權。他們有著真才實學，有著處理繁雜的具體事物之能力。國王明白這些書吏的重要性，對他們非常重視，把他們作為統治之鏈上的一個重要環節。這正是適應古埃及社會特點的明智選擇。

祭司因何榮耀

　　祭司的特權之大，其他人很難望其項背。他們生活在為神而建造的神廟裡，過著不同於世俗的生活。不但普通老百姓對他們心存敬畏，就是皇親國戚，甚至國王也敬讓他們三分。很多國王在當政前，自己也通常在神廟中任職。祭司們是不交稅的，他們的吃穿住行根本用不著自己花費半分；他們占有整個埃及土地1／3的份額，但不要負擔任何義務。他們的支出由國庫承擔，定期給他們穀物及其他生活必需品。

　　祭司們受到這樣的厚待，擁有這麼高的地位，同他們擔任的角色有著很大的關係。他們來自世俗，卻掌握著神的祕密，是人與神之間進行聯繫的中間人。他們確切地知道每一位神的脾性及作用；他們知道每一個重要的節日，知道祭拜神祇時的每一個步驟；知道神喜歡什麼，不喜歡什麼；知道神為什麼賜福於人，又為什麼降禍於人；知道自然界和人類為何出現不利的境況及如何來消弭這些災難。他們掌握著這麼多祕密，而這些祕密又是同人們的日常生活休戚相關的，因而，如果離開了祭司，人與神就無法溝通，那可是最不能容忍的事情。

　　因為，在古埃及這樣的古代社會，神、人、自然是合一

的，如果人得罪了神，那麼神便通過施以種種自然災難來懲罰人；反過來，如果人對神侍奉周到，使神滿意，便會風調雨順，從而國泰民安。但是，人與神並不真的生活在一起，無法直接交流；這就需要有中間的聯繫環節。神廟是人在世間建的神殿，同時又是神在世俗的暫居點，人、神在這裡完成交流，而維持這一暫居地並負責這種交流儀式的人正是祭司。他既精通世俗的一切，又掌握神的祕密，正是「這種廣泛的知識使他遠遠優越於其他人。」❼

別以為祭司僅僅是因為他們的這種特殊行當而獲得別人的尊崇，而當上一名祭司也絕不是「削髮為尼，剃度為僧」這樣簡單的儀式所能辦到的，他們所靠的其實正是自己豐富的知識。他們上知天文、下知地理，是當時最具文化素養的知識階層。他們掌握的祕密不是別的，正是利用自己掌握的知識解釋各種現象，解決各種問題的能力。這種能力並非天生俱來，是通過刻苦的學習換來的。祭司的孩子從小便要學習各種知識；字要學會兩種，一種為祭司體，一種為民俗體；而且還要花很大的經歷去學習幾何學和數學。這些知識都是在實際的生產生活中用得著的。那條尼羅河，每年都改變著這個國家的面貌，經常導致鄰近之諾姆或村落的爭論，如果沒有幾何學的証明，沒有實際的調查，是斷難弄清楚的。就數學而言，不但在國內經濟、幾何原理中得到廣泛應用，而且在進行宇宙研究方面也少不了它。星星的秩序及其運動需要觀察，要在數年中堅持不懈地進行記錄，還要觀察行星的運動、周期及其狀態，以及它們可能造成的好或壞的影響。此外，祭司們還要預告人一生中會發生什麼，作物歉收還是豐收，傳染病是否會在人與動物之

---

❼　威爾金森：《古埃及人的生活和風俗》（第一卷），紐約博南澤出版社。

間產生，同時預告洪水及地震、彗星的到來等等。

除了專心鑽研各種學問外，他們在生活上也是儉樸的，簡單又節制是他們生活方式的主要特徵。他們的食物很簡單，而且數量是固定的；他們喝酒，但要求適度，生怕過度飲酒會使肉體壓迫靈魂。他們只吃幾種食物，不吃所有的肉；魚無論是尼羅河裡的，還是海裡的，他們都不吃。

因此，神廟及祭司雖然在古埃及擁有很大的勢力，有很高的地位，但他們並不只是吞噬埃及財產的猛獸，相反，祭司們反倒是躲在「書齋」（神廟）裡鑽研學問的人。他們鑽研世俗的學問，鑽研神的學問，鑽研天文、地理的學問，也鑽研巫術的學問。這些學問在當時並不是無用之物，而是有著廣泛的用途。它能「合理」地解釋許多自然現象，能解決許多生產生活實踐中的實際問題。神廟成了知識的匯集與傳播地，當許多方面的知識在這裡散射到社會生活的各個方面時，會產生很大的力量和效益。而這正是那些祭司──知識體現者──得以榮耀的真正原因。

此外，神廟還是學校和教育機構，祭司教育著世人，又儲存著古代文化，他們是最有知識的代表。法蘭克國王查理曼大帝在覺得應該興辦教育時，他最先想到的便是讓祭司免費教育兒童，開放廟宇和教堂。[8]至今仍然有許多教育不發達的地區把孩子自小送入神廟之中接受知識的貫輸，這反映了古代人也是注重知識和教育的，只是他們的教育系統及所學的知識與我們不同而已。

---

[8] C・沃倫・霍萊斯特：《歐洲中世紀簡史》。

父業子承，各安其位

　　「父業子承」這句古訓充滿著感情，包含著兩代之間感情的交流和寄托。但是，如果把這句話定為法律條例，不管人們願意還是不願意都要執行，那麼「父業子承」就不再是個人的感情問題，而成了具有社會意義的東西。

　　古埃及社會，人分三六九等，有貴族、祭司、武士、農民、匠人等等；每個階層又分成好多行當，如玻璃匠、金屬匠、木匠、皮匠、亞麻布生產者、家具匠、藝人、畫家等等。這些人共同構成了城鎮中的居民。但每個行當的人員在城鎮中都有特定區域，大家劃地而居，界限分明，誰也不能擅自干涉別人的職業。而且法律還規定，任何人都要繼承父業，不得改行，並在與鄰居的競爭中發展自己的技藝。涉足其他行業要受到法律制裁：「對埃及人而言，如果一個匠人涉足政治事物，或者從事任何其他職業，他便會立即受到懲罰。」❾

　　因此，在這裡，子承父業，大家各安其位不再是個人的意願，而成為強制性的命令。任何事情一旦見諸法律條例，便足以說明它的重要性。首先，用法律來強調這一點可以保証每個行當後繼有人，而不會滅絕。因為，在古埃及這樣自給自足的社會裡，每一個行當都不可缺少，因此，國家不肯冒險要大家自由選擇、自由競爭，寧可用法律手段去強制，使每個行當保持下去，這樣便可使社會的各個方面保持平衡。

　　其次，各個行業各守其位，可以避免混亂，便於管理。古埃及人特別崇尚秩序，他們認為沒有秩序便沒有意義；尤其不能容忍混亂。具體到社會管理也是這樣，每個行業甚至每個人

---

❾　威爾金森：《古埃及人的生活和風俗》（第二卷），紐約博南澤出版社。

都要安守其位，否則便會引起混亂，那是最可怕的事。因而，他們也不崇尚積極上進的人，而寧可崇尚「默默無聞」的人，認為這樣的人才能使國家安定平穩。他們禁止商人從政，或擔任國家職務，因為商人逐利的不定性、妒忌性會使正常的思想誤入歧途，會擾亂正常一貫的政治生活。因此，分工細緻，不互相僭越是很重要的。只要每個部門各自管理好自己，便能使整個社會生活變得有秩序。

另外，父業子承，各安其位，也代表著古埃及人的一種信念，即一個人只有專心於一門學問、一項技藝，才能把這門學問和技藝學精；否則，把精力分別花費在多項事情上，結果會一事無成：「如果一個人出於貪婪的目的，禁不住誘惑，去從事多項技藝，結果會任何方面都不出色。」⑩這就說明，一個人的精力是有限的，只有集中精力於一項技藝，認真研究，才能有所造詣。有時這種研究需要幾代人來完成和發揚光大。尤其是在比較落後的古代社會，任何事情的學得都要靠言傳身教，親自動手，這更需要專心一致和耐心。因此，這種對父業子承，各安其位的強調，反而有利於各種行業獨立技藝的存在和發展。

---

⑩　威爾金森：《古埃及人的生活和風俗》（第二卷），紐約博南澤出版社。

Chapter 6
軍事方略，用兵謀術

善事與利器

　　一位工匠如果想把物品做得又快又好，首要條件便是要掌握順手的工具，否則，手藝再精，也會為工具所累。在戰場上也是這樣，精兵強將固然重要，但如果沒有精良的武器，也是枉然。古埃及人之所以能在對外戰爭中經常占據優勢，同他們善於改進和製造武器的本領很有關係。

　　就防衛武器而言，他們有鋼盔、胸甲、折疊式鋼護手及各種各樣的盾。其中盾是最主要的。盾一般有半人高，上面通常覆蓋著公牛皮，毛朝外，有時邊緣用金屬片增加牢度，上面釘著密密麻麻的釘子，內部則是木框。盾的形狀頗似墓碑，頂部呈圓形，下部呈方形，越向上越大。盾表面的上半部分有一個洞，而不是通常的瘤狀突出物。盾的裡面繫著一根繩子，用以把盾挎在肩膀上。有些盾規格出奇的大，形狀也有所不同，它的頂部是尖的，主要用於方陣的防衛中。這些大型的盾牌一般能把人的整個身體擋住，數個盾牌連在一起便會形成一道盾

牆，使敵人難以攻破。

　　與防衛武器相比，進攻武器要多得多，其中主要的有弓、矛、雙面標槍、投石機、劍、匕首、刀、月刀、斧、戰斧、長柄斧、棍、曲形棍等。古埃及人的弓箭不同於後來歐洲人使用的弓箭，它的弦固定在兩端突出的角形部件上，也穿入兩端的溝或槽裡。弓架是圓的木頭，有五到五英尺半長，幾乎是直的，兩端逐漸彎細。有的中間是凹形的，上面或下面附一塊皮或一段木頭，這樣可以增加牢度和彈性，以防止弓被拉斷。射擊時，他們通常在左手戴一件防護裝置，以免被弦弄傷。弓弦一般是用羊腸線製作的，特別牢固，有時戰車上的弓箭手可以用它套住敵人，然後用劍把它殺死。箭頭從廿二英寸到廿四英寸不等，有的是木製的，有的是蘆葦製的，帶有金屬頭，或硬木製作的箭頭。長矛是用木頭製成的，五到六英尺長，帶有金屬頭，矛桿塞入頭中，用釘子固定。金屬頭一般是黃銅和鐵，有兩面刃。標槍比長矛輕而短，也是用木頭製作的，帶有雙刃金屬頭，呈拉長的菱形狀，或樹葉狀，或是平的，或中間越來越厚。投石器是一段皮繩或辮狀弦，中間較寬，一端有環，另一端是甩鞭，當石頭投出時，帶鞭的這一點從手中脫出。古埃及的劍短而直，二到三英尺長，雙面刃，越向下越尖，用於砍或刺。他們還有匕首，匕首的把手呈中間凹形，上面鑲嵌著寶石、貴重的木頭或金屬；它比劍要短，刀身有七到十英寸長，上寬下窄。月刀是比劍更常用的武器，無論輕步兵還是重步兵都使用它。長柄斧大約三英寸長，與其他武器相比較難使用；它又長又重，沒有一定的力量和技巧很難運用自如。

　　古埃及人有了這諸多武器，有的能攻，有的能守；有的適合遠距離進攻，有的適合近距離擊打。這些不同的武器能夠適應戰鬥中多方面的需要。在戰鬥中，戰術可以變化，隊形可以

重新調整，但如果沒有精良的武器，取勝是非常困難的。古埃及使用的武器在當時應該說是比較先進的，其中有些武器還一直影響到希臘、羅馬等後來的國家。

　　古埃及有這麼多精良的武器，肯定不是閉門造車空想出來的，而是在戰鬥中不斷總結經驗和教訓、不斷發明或引進的。戰鬥中，因武器不敵對手而失敗是常有的事，這時抱怨自己和羨慕對方都沒有用，與其臨淵羨魚，不如退而結網。戰鬥過後，及時改良和更新自己的裝備，不斷使武器推陳出新，使各種武器之間協調配合，很快便能變劣勢為優勢。古埃及本無戰車，但喜克索斯人有。古埃及迅速接受了它們，並製造了自己的戰車，戰鬥中發揮重大的作用。正是這種善於改進武器並以精良武器對敵的特點，使古埃及人不戰而勝對方幾分。

一手執槍，一肩荷鋤

　　國家的生存與強大，少不了軍人。保衛家園，抵禦外侮，拓展疆土，均是軍人當先。唯其軍人的強大與善戰，才能使國內百姓在和平的環境下生存與生活：才能使四周領邦臣服，不敢越雷池一步；才能避免淪為亡國奴。因此，任何國家、任何君主都不會忽視軍隊的建設，不會惡待軍人。

　　在古埃及，軍人是僅次於祭司的一個重要階層。人一旦成年，便被教以作為軍人的種種義務與要求，並進行針對性的訓練，使他們成為合格的軍人。正因為軍人具有非常重要的作用，因而也享有別人所沒有的特權。古埃及人認為，給行政長官以權力來逮捕國家的守衛者是非常危險的，因此，法令規定，任何人不得以欠債的理由把軍人投入監牢。軍人的待遇優

厚的，就拿禁衛軍來說，服役期間，每人每天便被供以五條麵包、兩塊牛肉和四罐酒。除此之外，古埃及還有一個重要的措施便是實行「軍人有其田」的制度。每個軍人，無論執行任務與否，都給配以十二阿勒爾（相當於八英畝多）的土地，使軍人也同時成為土地擁有者。這在其他民族中是少見的。

按道理說，軍隊以打仗為本，不應有其他私心雜念，否則，勢必影響士氣。配給他們以土地，是與軍人這一職業相悖的；軍人是流動性的，而土地是固定的，那麼，軍人在外出打仗時，便會有土地的牽扯，產生戀土之虞。然而，古埃及卻並不這樣認為。在他們眼裡，軍人並非只是赳赳武夫，也不純粹是殺人鬥狠的武器；他們的職責首先是保衛家園，要達到這一目的，必須具有一種深深的戀土情感，無論到哪裡，都不要忘記家鄉，亡心記國家。戰爭到來時，他們便挺身而保衛家園，和平時期便荷鋤耕作。

狄奧多拉斯說過；「親歷家園之危難的人，更樂於赴戰爭之危險，因為作為土地擁有者，他感受到利益所在。把團體的安全交給在團體中一無所有的人是可笑的。」●他這句話的意思是說，只有個人的利益與團體或國家的利益密切相關，那麼，當團體或國家面臨危險時，個人才能更積極、更有效地起來保護它，因為在保護團體的同時，亦保護了個人利益。

古埃及「軍人有其田」的作法便很好地體現了這一點。軍人的職責是保衛家園和國土，但是如果他們獨立於社會經濟之外，他們的利益在其中得不到體現，那麼他們的家園觀念勢必淡薄，在戰鬥中必然失去目標，而成為一種職業殺人機器；相

● 轉引自威爾金森：《古埃及生活和風俗》（第一卷），紐約博南澤出版社。

反，給他們一份田地，其中體現著他們自己的利益，便會使他們始終對家園有著深厚的感情，從而會誓死保衛家園。我們看到，古埃及的軍隊是分別駐紮在不同的諾姆中的，而每一個士兵的所在地也基本上是其土地的所在地。這種與土地的緊密結合，就能使軍人更具體地感受到保衛的職責，從而把保衛國土、保衛自己的土地看成是理所當然的義務。

實行「軍人有其田」的制度還有一個原因，那就是，軍人在和平時期，可以投入生產勞動。作為軍人，大都是身強力壯的青年，不但在打仗時能夠勇猛善戰，用在生產上也是重要的勞動力。給他們配一塊田地，他們便可以在不服役期間，去經營田地。這對國家和個人都是有好處的。

雖然從整體而言，人類遠未到「鑄刀為犁」的時代，但是，就局部而言，也並不是處處都充滿戰爭的危險，因而大可不必「草木皆兵」。更重要的是把主要精力投入生產生活中，這才是人類生存的根本。

人類的平均生活水準越提高，則戰爭的危險就越減少，到那時，軍人便不必「一肩扛槍，一肩荷鋤」了。

攻必齊，守必固

在古代社會，打仗使用的都是刀槍劍戟這樣的冷兵器，這就使當時的戰鬥以短兵相接的廝殺為主要特色。即使當時已使用弓箭，但其射程及殺傷力都很有限，不可能成為決定勝利的關鍵因素。在戰鬥中，刀光劍影，血肉橫飛，難分守與攻，更難斷吉與凶。有時，勝者未必傷亡小，負者亦未必損失大。在這種情況下，如何把零散的士兵組織起來，如何把不同種類的

武器有機地配合起來，集零為整，化混亂為秩序，以集中的優勢兵力擊敵之薄弱處，並在擊敵的同時有效地保護自己，把勝負的主動權把握在自己手裡，便成了克敵制勝的關鍵。只有有效地組織起來，方能避免因混戰而造成的失控局面，才能根據戰鬥的需要進行合理的調配，達到互相保護、互相補充的效果。這一點，古埃及人便早已意識到，這一思想主要體現在他們的編隊及方陣（Phalanx）中。

古埃及的步兵由各個不同種類組成，有弓箭手、執矛者、執劍者、執棍棒者、執投石器者等等。為發揮每一種武器的獨特作用及有利於同一種兵器的協調配合，古埃及的步兵按照手執武器的不同而組成許多兵團，並在組成的同時體現一定的戰術原則。兵團之下再劃分為相當於營與連的組織，每個組織中均有一名長官，負責指揮。

在正式進行戰鬥時，各個不同的組織便在統一協調下組成強大的方陣，沒有特別的命令，方陣一旦編成便不再變更，每個兵種都要各安其位，各守其職，而不同的兵種聯合起來，又能有效地配合，互相保護，共同進攻，形成一有機的整體。當手執長矛、大刀與盾牌的重步兵列成方陣後，那同時舉起的盾牌頓時化作一道銅牆鐵壁，能把對方的弓箭紛紛擋落，盾牌後面的士兵及跟隨其後的其他士兵則不會受到襲擊，那一排排豎起的長矛又具有無比的威力，同時指向敵人。組成方陣的弓箭手在跪地射擊時，弓弦齊拉，萬箭齊發，有萬夫莫敵之勇。整個方陣就像一台既能攻又能守的坦克，向對方頑強地推進再推進，一批人倒下了，馬上又有一批人補充上來，仍以完整的隊形向敵人進攻。

為使每個兵種在方陣中認清自己的位置，在戰鬥中不致混亂，每個營，甚至每個連都有自己的隊旗，有的是國王的名

字，有的是一隻聖船，有的是一隻動物，每隊的士兵都緊緊地跟隨在隊旗的周圍，認清自己的職責及所在兵團的隊形，從而保持統一的隊形，使戰鬥兵員保持秩序。士兵們視旗如命，因而，執旗官具有非常重要的地位，他或是一名軍官，或是公認最勇敢的人，通常有著不同的服飾以與其他人區別。

　　隊旗的存在，不但可使士兵能各守其位，也有利於總指揮官進行觀察和調動，他無須調查，只要一看隊旗便能判斷出整個方陣的情況，從而做出相應的對策。除了隊旗外，還有皇家旗，由國王身邊非常重要的官員執掌。這是整個軍隊統一的象徵，軍旗不倒，軍隊不敗。此外，為了召集和指揮軍隊，他們還使用喇叭與鼓等樂器，用嘹亮的號聲及咚咚的鼓聲指揮軍隊進或退，保持隊形或解散隊形，從而做到有節奏和秩序。

　　因而，方陣是既分散又統一，又善攻又能守的進攻隊形。其分散性表現在統一的軍隊分化為各個不同的兵種，每個兵種都在自己的位置上發揮應有的作用，其統一性表現為每個士兵都是編隊中的一分子，行動要受整個編隊的制約，同時每個編隊又要受整個方陣的制約，服從統一的指揮。攻時，整個方陣聯合起來的力量遠勝於分散力量的總和，大有勢如破竹之勢，各種兵器交替配合，互相協調，充分發掘了軍隊本身的潛力。守時，達成一片盾牌像是一堵攻不破的城牆，同時伸出的長矛和大刀構成刃叢槍林，使敵人不能輕易接近。應該說，方陣正是古埃及人長期作戰經驗的總結及作戰智慧的體現。

居安思危

俗話說：打江山容易，守江山難。逞一時之勇而沒有長遠

的規劃，會使以前的功勞毀於一旦。對國內來說如此，對外族來說也如此。為鞏固自己在所降服的外族中的至高地位，光靠武力和高壓統治是不行的，它只能在一個短時間內有效，而不能解決長遠問題。因此，必須從長遠考慮，採取槍炮之外的謀略，從而達到恆久統治的目的。古埃及王把所降服的外族酋長的兒子帶回埃及從小培養的措施，便體現著居安思危的觀念。

第十八王朝的吐特摩斯三世（Thotmose Ⅲ）是一個偉大的國王和將領。他在位時，共對亞洲進行了十六次戰役，幾乎全都取得了勝利。著名的米吉多戰役便充分體現了他的戰術的高明之處。但他並不是一個只知用兵的武夫，他知道怎樣鞏固自己在亞洲的統治，使埃及對這些降服地區的統治長久。他所用的方法之一便是把當地酋長的兒子帶回底比斯的宮殿，使他們與自己的兒子和其他埃及青年生活在一起，從小接受埃及式教育。長大成人後，再把這些青年送回去治理其國。

應該說，這是一種具有長遠眼光的作法。首先，把酋長的兒子們帶回埃及，雖然並無惡意，但無形中也充當了人質，那些老酋長因顧念親情，不敢輕易做出不利於埃及的動作，這樣便大大牽制住這些人，即使埃及王未親臨亞洲進行指揮，他們也會俯首帖耳，唯命是從；否則，如果他們表現出敵意，不但國土會因埃及的報復而遭破壞，自己的兒子也會有性命之憂。反過來，埃及王可以輕鬆地控制這些地區，發號施令，以較小的精力控制較大的地區。因而，這一舉動本身不但保障了埃及對這些地區的統治，也節約了百萬大軍和國力。

另外，帶回埃及的年輕人都為王子，是未來王位的繼承人，將來擔負著治理國土的重任。如果他們一直待在本國父王身邊，長大後便會了解父王的受控地位及不滿情緒，會把埃及當作侵略者和仇人，在心中滋長一種仇恨的情緒，從而最後走

上與埃及為敵的道路。那極不利於埃及的長久統治。把他們帶回埃及，使他們在底比斯的宮殿裡過著優裕的生活，與埃及王子一道長大，一方面使他們感受到自己受到厚待，從感情上傾向於埃及，另一方面，在長大的過程中，他們被灌輸的一直是埃及的生活方式和政治原則，這些原則便成為他們日後制定施政方針的基礎，其中必然處處透著埃及的精神，那麼，反對埃及的可能性便會大大減少。

據文獻記載，這些由埃及國王委派去的小國王通常給埃及國王寫信說：派我就這個王位的不是我的父親，也不是我的母親，國王有力的手把我放到我父親的宮裡來。這種言語中，感激之情溢於言表。

這些在埃及王宮裡長大的兒子，對自己的親生父母的觀念淡薄了，而把親情轉移到埃及國王身上。雖然埃及國王給予這些小國王的只是他們應該得到的東西，但其間經過了埃及國王的移交，便改變了性質，裡面有了一種授受的關係，多了一份恩情。這種恩情一直會在兩者之間發揮作用。埃及國王的「借花獻佛」換來的是「湧泉相報」，真是無本萬利。

作為一個高明的統治者，應該在與敵交戰時，想著如何取勝，在勝利後也「居安思危」。因為兵無常勝，亦無常敗，軍事力量的強大不足以控制永遠。但是，只要一直有一種危機意識，並把眼光放遠，便能在無形中掌握主動。

寬待俘虜

吐特摩斯三世死後，亞洲人認為解放自己的機會到了，於是紛紛發動叛亂，形勢非常嚴峻。剛繼位的阿門荷太普

（Amenhotep）只有十八歲，血氣方剛，從小便喜歡賽跑、射箭、划船等競技活動。為平定亞洲的叛亂，他第二年便率領軍隊大舉進攻亞洲叛亂諸族，取得很大的勝利，回來時帶回許多俘虜。在班師回朝即將進入底比斯時，他把帶回來的七個亞洲酋長倒懸在船頭，在阿蒙神面前殺死其中的六個，而把第七個送到蘇丹的南部——那培塔（Napata），在那裡的城門上把他吊死。

這種殺之而後快的作法並非古埃及人對待俘虜的一貫政策。阿門荷太普之所以有此殘暴而不明智的舉動，同當時的形勢很有關係。亞洲人以埃及前王之死作為解放的機會，那就說明，他們根本沒有把新王放在眼裡，或者說是故意挑釁，以試新王的能力大小。在這種情況下，阿門荷太普如果示弱，必然使他們的騷亂更加猖狂，從而造成亞洲局勢的動盪。阿門荷太普果斷地懸吊並殺死幾位亞洲酋長，不但証明了自己的能力，亦同時警告那些蠢蠢欲動的亞洲諸邦不要認為有機可乘，還是要老老實實地臣服。因而，這種「殺一儆佰」的作法在當時是非常必要的。

一般說來，古埃及人對待俘虜還是比較寬容的，濫殺俘虜的事情非常少見。俘虜被帶回埃及後，通常用於生產勞動。他們被組織起來，修建廟宇，開鑿運河，修築堤壩及從事其他公共工程。在古埃及，每年要修建的公共工程特別多，而且一項工程有的要持續數年甚至達數十年。比如修建大型金字塔陵墓，一般是在國王繼位時便開始修建，持續達十年以上。為建成它，每年要徵召大量勞動力，有時一年就須徵集三十萬以上，這樣會造成國內勞動力嚴重不足。因此，俘虜的加入不但增加了修建公共工程的勞動力，而且也使埃及國內的青壯年勞動力以更多的人數和時間投入生產活動。俘虜也大部分是青壯

年，用他們參加勞動，可以提高建設速度，也同時可以減少支出費用。

女奴通常被用於家內勞動。當女俘虜被抓回來時，有的被安排在王宮裡當奴僕，有的被貴族買回家裡從事家庭勞動。在古埃及，釀造啤酒、款待客人、灑掃庭院等活計都是婦女的事情，廉價購進的女奴正合其所需。

俘虜既然是戰士出身，本身有著特殊的訓練及戰鬥技巧，因此，古埃及人通常把俘虜改編成軍隊，為古埃及效力。在古埃及軍隊中有大量外國人，除了雇傭來的士兵外，還有的便是俘虜。他們也同埃及軍人一樣，被編成軍團，有時還允許他們保留自己的武器和服裝，只是待遇同埃及土著軍隊不同，他們沒有土地，但付給報酬。這些俘虜編成的軍隊可以不通過特別的訓練，便直接投入於軍事目的。

因而，古埃及對待俘虜並不抱敵對情緒，濫殺以洩私忿，而是根據俘虜的特點把它們改造後為自己所用。這樣做一方面避免了冤冤相報，相互濫殺的局面，另一方面又發掘了俘虜本身的潛力，增強自己國內的實力。同時，由於為俘虜找到合理的去處，就避免了俘虜大量湧入造成的負擔及可能帶來的社會混亂。

「繳槍不殺」的政策雖然現在已成為一條慣例，但也經歷了歷史的反反覆覆。曾經有過那麼一個時代，確實是「格殺勿論」的。後來由於自身利益的需要才不把俘虜殺掉，而讓他們為自己服務。現在，一講俘虜服勞役的做法也不多見了，裡面包含著一種人道主義精神。不管是出於利益，還是出於人道主義，至少古代人同現代人達成了一種共識：軍人並非發動戰爭的罪魁禍首，而俘虜也不是戰爭罪責的替罪羊。

拉一派打一派

在面對強大的敵人，靠決戰無法獲勝時，便要善於等待時機，利用敵人出現矛盾而分化之際，分別制服敵人，從而達到硬拚所不能達到的目的。拉美西斯二世（Ramesses Ⅱ）便是利用赫梯人的矛盾，平定了亞洲的叛亂與反抗。

當初，亞洲的赫梯人也日益強大，把領土擴張到密坦尼以北敘利亞的許多地方，直接威脅著埃及的統治。於是，西提帶兵同赫梯人交戰。但想把赫梯人打敗沒那麼容易，雙方勢均力敵，不分勝負。從雙方都誇耀自己勝利的文獻中，便可看出埃及人並沒有占優勢。繼承西提的拉美西斯二世血氣方剛，舉重兵與赫梯人為首的聯盟在迦疊什展開決戰。但赫梯人為首的聯盟力量強大，嚴陣以待，而且又派出細作去誘騙埃及人，結果埃及軍隊在突遭襲擊後潰不成軍，連拉美西斯二世本人也差點成了赫梯人的俘虜，幸虧援軍及時趕到，才解了圍。

雖然事後拉美西斯二世大吹自己的戰績輝煌，並把這次戰役的經過書寫於卡納克神廟上，但實際上，他在迦疊什戰役中根本未撈到什麼便宜。這種種情況說明，此時以武力與赫梯硬拚是無法獲得成功的，只有等待和選擇適當的機會。

也許拉美西斯二世吸取了迦疊什戰役的教訓，所以，接下來的幾年裡，偃旗息鼓，未對赫梯人貿然進行攻擊。但他並未放棄進攻赫梯的打算，而是在耐心等待最佳時機的到來。

幾年以後，機會終於來了。拉美西斯的死敵謨太里死了，他的兒子們為了爭奪王權而相互爭吵，內部開始出現分化。這正是一個平定赫梯，各個擊破敵人的好時機。於是，拉美西斯毫不猶豫地抓住了這個機會，迅速向亞洲出兵。他先幫助一派去打另一個集團，利用敵人的力量消滅敵人的有生力量。然後

反過來與剩下的敵人較量，結果取得了成功，於在位的第廿一年，同赫梯人簽訂了和約。雙方長期武力較量未能取得的成果通過分化敵人而得到了。這個和約的全文一直保留在卡納克和拉美西姆的牆上，在小亞細亞的古代遺址上也發現用赫梯文書寫的和約。幾年後，赫梯王來拜訪拉美西斯，便為的是批准那項和約。後來，拉美西斯娶了赫梯王的女兒為妻，雙方成了親戚，逐化敵為友。❷

拉美西斯二世能夠成功的原因在於他巧妙地利用了敵人的矛盾，拉一派打一派。被幫的人必然對埃及心存感激，視埃及為恩人，同埃及由敵我關係變成了盟友關係。同時，被分化的另一派被打敗甚至被消滅掉，那麼，赫梯人的整體實力便減去大半，剩下來的勢力已無法與埃及抗衡。這樣，埃及便由被動和劣勢又轉向了主動。

戰爭本身雖是轟轟烈烈的事情，但有時也需要耐心和等待。等待雖然會失去不少時間，但這絕不是浪費，因為在等待的每時每刻都在尋找機會，並隨形勢的發展而不斷改變自身，等一有機會便以合時的姿態攻擊，從而一擊見效。如果不願等待，時機未成熟便急躁冒進，反而會浪費時間，還得損兵折將，錯過大好時機。因而，在用兵上也得講究張弛之術。

地形專家彼安基

在作戰中，要善於觀察地形，避重就輕，才能事半功倍。那培培王室的彼安基（Piankhi）便是一個特別善於利用有利之

---

❷　費里克：《埃及古代史》。

地形破敵的著名人物。

　　第廿三王朝最後的國王舍沙克第五（Sheshonk Ⅴ）死後，埃及陷入分立的局面，幾個有勢力的王公爭相稱王，其中三角洲地方的塞伊斯王（Sais）最強，他建立了第廿四王朝。但三角洲及中部埃及仍是一片混亂，於是塞伊斯王塔夫那赫特（Tefnakht）便決定統一全國。

　　他首先征服了三角洲西部諸城，然後又擴張到三角洲東部。三角洲統一後便大舉進攻中部埃及，這樣便危及了阿芒神僧侶的財產和獨立，於是阿芒神僧侶便向南方的那培培王求援，請求他拯救底比斯。當時那培培當政的王正是彼安基，他接信後，立即寫信給底比斯，叫他們抵抗塔夫那赫特，自己派兵去圍困與塔夫那赫特結盟的赫爾摩波利斯，同時派兵去增援底比斯。彼安基的軍隊很快便到達底比斯，接著又向北攻打塔夫那赫特的軍隊，在赫拉克來俄波里斯打敗了塔夫那赫特的同盟者赫爾摩波利斯王尼姆羅德（Nimrod）。但尼姆羅德仍設法突圍，逃進城中負隅頑抗。那培培王的軍隊費盡全力攻城，仍無法攻破城上的堡壘，拖了很長時間。軍隊未能及時結束塔夫那赫特及其同盟者的反抗使彼安基非常憤怒，於是他決定御駕親征，以打破這一僵持局面。他到達該城後，首先查看了地形及城堡的建造，認為強行攻城無用，必須用新的策略攻破敵城。

　　於是，他命人在城外建造了一道高堤，又在堤上建起高塔。這樣，大堤上的高塔大大高出城牆上的城堡，城中的敵人一下子暴露在眼前，彼安基的軍隊也由不利轉向有利。他在高塔上派置了多名弓箭手，每日輪番向城內守敵進攻。這樣，守城敵軍每日傷亡甚大，加上被圍之後造成的饑荒，尼姆羅德很快便向彼安基繳械投降。如果不是彼安基巧用地形，那麼，即

使最後攻下城垣，也必然傷亡慘重。

　　在攻下赫爾摩波利斯後，彼安基繼續率軍前進，一路如秋風掃落葉，直逼孟斐斯城。在孟斐斯，進攻又遇困難，因為該城是一個防守異常堅固的城池，用強攻的方法進攻勢比登天。這時，彼安基又一次表現了他善用地形的智謀。他通過觀察，發現該城的一邊靠尼羅河，其中某一處的城垣非常低，甚至有的船隻便停泊在房屋邊上。於是，他決定從這個天然的缺口攻擊，避開敵人防守堅固的正面。他徵集所有能找得到的船隻，加上他的尼羅河艦隊，在此缺口發動了突襲，還未等守城敵軍明白過來，便攻進了城裡，如此孟斐斯不得不投降。彼安基正是靠著他的作戰智謀，迅速平定了各地的叛亂，並獲上、下埃及國王的殊榮。

　　兩軍對壘時，守方再堅固，也不會是鐵板一塊，總會有這樣或那樣的漏洞。不細心觀察分析而盲目攻敵之堅，是以自己的短處面對敵人的長處，正犯兵家之大忌。彼安基善用地形的實質是善於分析敵我之長處和短處，從而以己之長攻敵之短，做到事半功倍。

巧用「籃子計」

　　相傳，古希臘時期，特洛伊王子訪問希臘，見斯巴達的門內勞斯王之妻海倫美貌絕倫，便把她拐走。於是，希臘軍隊怒而遠征特洛伊城。但特洛伊城非常堅固，守軍又勇敢異常，希臘人進攻九年而未攻破城池。第十年，希臘將領奧德修斯想出了一個主意，在城外建造了一匹大木馬，把一些士兵藏進木馬的肚子裡，其他人乘船退到附近的一個海灣，造成撤軍的假

象。特洛伊國王果然中了計，把大木馬當作戰利品拉進城裡。為運進大木馬，特洛伊人還特地在城牆上鑿了一個缺口。當天晚上，乘特洛伊人放鬆警惕睡大覺時，躲在木馬肚子裡的人便紛紛爬出，而那些退到海灣待命的人亦一起趕到特洛伊城，裡應外合，很快便攻陷了特洛伊城。近十年苦戰未完成的任務，在短時間內完成了，其中靠的便是順時應勢的詐術。這便是歷史上傳頌的「木馬計」。

無獨有偶，在古埃及，很早便有了這種類似於木馬計的攻城謀略。說不定，後來的「木馬計」傳說便是受到古埃及故事的啟發呢！據《雅法的占領》故事記載：第十八王朝的吐特摩斯三世繼位後，發動了對巴勒斯坦的戰爭。但在進攻雅法城時，久攻不下。看樣子強攻已無法取勝。這時，吐特摩斯軍隊裡的一位富有智慧的將領圖梯想出了一個主意。他傳話給雅法的小國王說，要把有名的國王吐特摩斯三世的狼牙棒給他看。雅法的小國王不知是計，落入圈套。於是，小國王同駕戰車的戰士一道來到圖梯那裡，戰士被留在兵營外面。談話時，圖梯用狼牙棒打昏了雅法的國王，然後出來告訴駕車的戰士，讓他們回去，說已經與小國王達成協議，答應向雅法投降，明天就把禮物送進城裡，小國王此時還有事商談，暫時不回去。

駕戰車的戰士回去後如此一說，城裡人都很高興，以為獲得了勝利，便放棄防守，只等著第二天敵軍投降。第二天，圖梯命令把二千多名士兵分裝在許多大籃子裡，然後當作禮物大搖大擺扛進城裡。城裡正沉浸在喜悅之中，根本沒有多想。等一到城裡，這些士兵便從籃子裡爬出來，向那些毫無防備的守軍進攻，一舉攻克了雅法城。[3]雖然這只是一種傳說，其真實

---

❸ 陶德臻等主編：《東方文學名著講話》。

情況無從查考，但這一傳說本身便道出了古埃及人利用詐術克敵制勝的謀略。

應該說，使用這種方法具有很大的冒險性。如果敵人謹慎從事，起初便識破對方的意圖，或在運輸中發現其中的破綻，或者籃中士兵自己露出馬腳，那麼，那些藏在籃中的士兵必死無疑，同時會使進攻更加遙遙無期。但是，他們之所以敢於這樣做，除了拚死一搏的決心外，還在於他們審時度勢地考慮了當時的局勢，認為這樣做完全有成功的把握：第一，由於當時埃及軍隊長期進攻未能奏效，便無形中有處於下風的趨勢，而守城的一方同時在心理上有種優勢感，認為自己的城池堅不可摧。因而，在埃及軍隊作潰敗狀詐降時，他們一點也未感到其中有鬼。第二，投降一方進貢禮物理所當然，這正好可使敵方得意忘形，從而能夠順利地把士兵正大光明地運進城裡，讓敵人自己打開大門。因而，如果不是當時的形勢如此，或者是攻軍處於優勢時，突然使出這樣的計謀，必然令守軍狐疑，此計亦難成功。妙就妙在他們在恰當的時機順理成章地使用了一個詐術，結果一舉成功。

兵貴神速

用兵貴在神速，此已成兵法之定律。只有動作快，才能先於敵人到達目的地，占領有利的地形，以精銳之兵攻打疲憊之敵；只有動作快，才能迅速插到敵人的心臟，而打敵人於措手不及；只有快，才能打亂敵人的部署，使敵方無法在短時間內做出相應的反應，從而以最佳陣容迎戰。第十八王朝國王吐特摩斯第三帶兵與迦疊什為首的敵對聯盟所進行的米吉多

（Megiddo）之戰，便是一個著名的例子。

吐特摩斯三世因與哈脫舍普蘇女王為王權大相爭執，導致對外關係的疏忽。在此期間，一度被臣服的西亞諸邦蠢蠢欲動，那些埃及的舊敵隨時想捲土重來。迦南人聯合起來，想把埃及人從敘利亞和巴勒斯坦土地上趕走。

在這種形勢下，吐特摩斯三世一繼位，便準備對亞洲進行軍事征服。在這一段征戰過程中，一切都是快節奏的。他二月份就位，四月份便率領軍隊離開埃及邊境，直奔亞洲，一路上只用了九天時間。

當時，敵方是以迦疊什為首的聯盟，陣營強大。他們決定在米吉多的要塞處攻擊吐特摩斯，因為那裡是俯視通向敘利亞大路的一個戰略要地。吐特摩斯知道敵人的強大，並且嚴陣以待，因此，在進攻敵人之前，進行了周密的策劃與安排，然後，毅然向敵人進軍。他們首先到達一個叫耶黑姆的地方，這裡有三條路通向米吉多：其中兩條是繞山的路，道路比較寬闊，敵人正期待著他們走這些大道；另一條是山間窄路，直通米吉多，道路險要。

為選擇一條正確的路，他召集了一次軍事會議。大部分軍官都堅持說，走平原上的大路相對說更安全一些，通過山間窄路有遭伏擊的危險。他們說，走過那條山間窄路必須：「人走在人的後面，馬也必須走在馬的後面。」

但是，吐特摩斯三世並沒有採取大部分人的意見，而是果斷地決定走那條山間窄路，並且要行動迅速。他做出這樣非大眾所能接受的決定是有原因的：

第一，他認為，大部分軍官想到的也必然是敵人所想到的，如果走到那條大路上，必中敵人之計。第二，他選擇這條小路，是因為他懂得用兵迅速之重要，因為這條路直通米吉

多，穿過它便可一下子接近敵人，打敵人於措手不及。為此，他甘願冒險。

事實証明，他的估計是對的，作戰方案也是對的。他果斷地下令，部隊在黎明便迅速進軍，到傍晚時一定要到達窄路的開端處。次日清晨，吐特摩斯親自率領軍隊走在最前面，高舉著阿芒神的徽號，以鼓舞士氣。到達另一端時，吐特摩斯等著每個士兵都安全通過，便安營紮寨。就這樣，神不知鬼不覺地接近了敵人，而敵人還毫無覺察，大部人還在大路上等著呢？等發覺情況不妙，想再調動已沒那麼容易。第二天早晨，吐特摩斯下令攻擊敵人，敵人在措手不及中一敗塗地。

吐特摩斯三世之所以能夠取得米吉多之戰的勝利，很大程度上應歸功於其用兵神速。他帶兵迅速趕到亞洲，又馬不停蹄地接近敵人，未做整頓便迅速進攻，使得敵人無法應付。如果他帶兵進軍緩慢，那麼行蹤必然為敵人所覺察，敵人便可根據其進軍路線，有效地組織進攻。相反，吐特摩斯帶領軍隊以迅雷不及掩耳之勢趕到，等敵人明白過來已經晚了。吐特摩斯之所以在選擇行軍路線方面一意孤行並固執己見，說明他深知「兵貴神速」的道理。

Chapter 7
藝術人生，人生藝術

永不泯滅的生活氣息

　　阿肯那頓王離開孟斐斯，遷都至阿瑪爾納（Amarna）。在那裡，他開始告別過去，告別傳統，把一股反傳統的潮流引入思想、文化的各個領域。針對過去的多神崇拜，他提倡獨一神崇拜；針對過去概念化、模式化的藝術特點，他提倡自由、寫實和自然的藝術。由此，在古埃及藝術史上「突兀」地興起一股清新的藝術浪潮。這種新的藝術特色表現在繪畫、雕塑等各個方面。

　　在繪畫方面，繪畫樣式進一步豐富。除墓壁畫外，還出現地板畫、布畫、紙草紙畫等等。繪畫作品中，開始有純粹描繪自然風光的畫面；其中，人們不再囿於傳統的習慣，非要在其中描繪某種寓意，也描繪諸如紙草叢和荷花中群鳥驚飛之類的情景，筆觸輕鬆灑脫。在浮雕上，人們也開始從傳統的造型法則中解放出來，按照本來的面目描摹自然，不加粉飾，不把人物美化。描繪阿肯那頓時，不再避諱他那病態的身體，而是直接把他真實地表現出來：碩大的頭顱、纖細的脖子、大腹便便的身體以及瘦削的腿。而且，藝術家們還涉入原來不敢碰觸的主題——王宮祕事。把國王和妻子親暱依偎的情景、小公主狼吞虎嚥吃鴨子的情景及國王夫妻引逗孩子的情景，都自然而又寫實地表現出來。在雕塑方面，也表現出與過去斷然決裂的姿態。這時，他們還把一些過去認為不雅的形象暴露無遺，有時還故意誇張國王的軀幹，變得鬆弛，腹部呈下垂的趨勢，粗唇，細長的下巴。在雕塑手法上，注重光線效果的微妙變化，並著意突出每個人的性格和特徵。圖特摩斯所作的「娜芙蒂蒂頭像」生動地表現了她美麗而又能幹的氣質。而泰伊王太后的雕像則通過她緊閉的嘴唇、扁平的鼻子、半張半閉的杏形眼

睛，以及瘦狹的臉部，把這位女強人的個性力量和咄咄逼人的氣勢完整地體現出來。

儘管從埃及藝術史整體來看，阿瑪爾納藝術清新自然的氣息過於突兀，但是，並非直到這時候，古埃及匠人才學會如何去描繪自然和生活。應該說，古埃及匠人一向善於描繪自然和生活氣息，只是在傳統的概念化和程式化藝術框架的束縛下一直被壓抑著和扭曲著，直到這時，才有充分的機會把它解放出來。即使在傳統力量占主導地位的時期，匠人們也總是時不時地揉進一絲生活的氣息。

在塑造大人物的形象時，埃及藝術家不敢輕易違背傳統造

· 娜芙蒂蒂頭像

型原則，儘量把他們理想化和神化。因為只有這樣，匠人才能討得主顧的歡心，讓他們滿意。但在表現小人物時，他們便時常擺脫法則的束縛，讓他們帶有生活氣息。第十八王朝拉赫米拉墓壁畫中描繪著匠人在努力勞動的場景，該壁畫的風格便部分突破慣例，人物形象以側面為主，也並不在意寬大的胸部處理，手臂的動作不再僵硬，更符合常規，透露出向自然寫實方向發展的趨勢。

第十八王朝的作品「女樂師圖」更給人以清新的感受。在這幅作品中，三位少女，一個吹雙管長笛，一個彈奏琵琶，一個撫豎琴，她們的姿態特別優美。兩個穿著薄如蟬翼的薄紗衣服，透著女性的曲線；中間一個則乾脆全裸，洋溢著青春的氣息，給人以感官的刺激和美的享受。而且，在這幅畫的構圖中，藝術家注重描繪動感，她們輕柔的手臂和起伏的手指彷彿使人聽到樂曲的起落，而中間那位女子回頭的姿勢，打破了畫面的單調沈悶，形成一種多變的韻律。在雕塑作品中，也有不少充滿生活氣息的佳作。著名的「運供品的少女」是不可多得的佳作。緊身的長袍掩蓋不住少女柔美的曲線和她青春的活力。她的手自然地扶住頭上的供品，線條自然流暢，頗具寫實特色。

即使是表現大人物的雕像，有的也很有新意。如第五王朝的「村長像」，其大腹便便的軀幹和肥頭大耳的面部，很富有表現力，「活脫脫是咱們的村長」。流傳下來的「書吏像」儘管非常程式化，但從其強健的肌肉、瞪大的眼睛以及緊張的手指上，我們感受到一種特定場景下的特定瞬間，具有強烈的感染力。

莎士比亞曾說：「假如用一扇門把一個女人的才情關起來，它會從窗子裡鑽出去的；塞住了鑰匙孔，它會跟著一道煙

・女樂師團

從煙囪裡飛出去的。」用這句話來描繪古埃及匠人對自然、生活的熱情也是非常恰當的，儘管在強調「以不變應萬變」，主張用永恆的模式結構去創造藝術品的氛圍中，他們總還是尋找機會傾注自己對生活的情感。

神韻在模式中

生活中有各種各樣的事物，每一個人也具有各不相同的特點，當用藝術形式把它們描繪出來時，便要根據各種不同的內容，選擇適合它的形式，從而突出每種事物，每個人不同的特性和特點。這就像瓶與酒的關係一樣，不同的酒按照質量、色

彩，分別裝進不同的瓶中，從而能使人一眼分辨出不同的特徵。人們選擇衣服也是如此，只有根據自己三圍的大小、身材比例進行剪裁，才能使衣服更適合自己的特徵，不但合身，而且美觀。如果所有的人都穿同一樣式和大小的衣服，那是絕對沒有美感的。

但是，古埃及人卻並不在意這些美與不美的標準。在進行藝術描繪時，他們心中總是早有一固定的模式，當面對被描繪的事物時，眼中所見的只是這些事物與模式相符合的地方，那種種不同由於不能適應模式便被他們忽略了，或者根本視而不見。即使有些事物有著太強的個性及太鮮明的特點，他們也不在乎，不惜把它們進行人為的加工，然後塞到那種統一的模式之中。因而，我們看到古埃及的一件藝術品，也便看到了古埃及的所有藝術品；反過來，當我們觀賞古埃及的所有藝術品時，也似乎只看到一種形象。

就雕像而言，其形式的一般特徵是：「雕像姿勢不論直立或端坐，頭部、軀體和兩腿都必須保持直立。立像一腳向前，雙手緊握，雙臂下垂，間或有抬舉等動作，仍以緊靠軀體為原則。坐像皆採取正襟危坐式，上身端正，兩腿並攏，兩手按膝，或一手按胸＇或交叉在胸前，間或有手持朝符等物的。頭像雕刻，除注意輪廓的相似外，必須加上理想化的裝飾；為襯托主題，雕像中的隨從人員，在比例上特別縮小。不論坐像、立像、雕刻的加工，側重在頭部、腿部，其餘地方多半粗枝大葉地勾畫出一個大體的輪廓。一般雕刻均用黑墨加畫眼圈，皮膚、髮飾、衣著等悉照實物塗加色彩。」❶所有的人像均按照這些約定的標準去雕刻，那必然不利於個性鮮明的藝術發展。

---

❶ 劉汝酌：《古代埃及藝術》。

古埃及人之所以津津樂道於此，是有原因的。他們創作的藝術品並不是專門供人欣賞，並不是「為藝術而藝術」，製作大量神態威嚴的雕像，只不過是出於卡必須還屍的信仰。「出於對死後復生的信念，古埃及人死後的屍體必須保存好，不讓他腐爛，以便護身靈能辨認出來，他們把屍體製成木乃伊。萬一屍體發生腐爛，為幫助護身靈辨認自己的主人，陵墓的墓室後面放置一個酷似死者的石灰石頭像，以確保頭像能取代萬一腐爛的屍體。」❷

　　因而，這些雕像正是防範的措施和結果。它們並不是為了裝飾和供人欣賞，而是讓它們起著一種與真實之物相同的作用。在這裡，固定的形式便具有重要意義。因為，在它的背後蘊含著某種宗教意義。這就如同宗教崇拜儀式一樣，雖然有許多細節在我們看來是沒有必要固守的，但對古代人而言，這些規定的細節恰恰不可少，亦不可變更，否則便違背了聖規，件逆了神靈。

　　把藝術作品公式化的意義在於，這些公式只是作為傳達意義的符號，孕含著意義的載體，規定了的載體傳達著規定的意義。這就如同象形文字一樣。古埃及人千百次一成不變地演示這種形象，正是要千百次地証明同一主題。對他們來說，藝術形式只是手段，傳達其特定的意義才是目的。那麼，古埃及藝術的僵硬形式所要傳達的意義是什麼呢？從這些藝術品無不表現死亡來看，我們完全可以推測它們所要傳達的正是死亡這一永恆的主題。在埃及藝術品中透出的是永恆、秩序和嚴肅，追求一種永世不朽的超俗形象。因此，這些形象並非具體且個性

---

❷ 〔埃〕伊・阿拉姆：《中東藝術史》。

化的鮮明形象，而是帶有綜合性的一般形象，或稱觀念性形象。就法老雕塑而言，某一位法老就代表著所有的法老；對埃及人而言，確定事物如此比表現它實際如此更重要。在創作雕像之前，已經有規定好的形象擺在匠人面前。他們正是以這種理想的形象為藍本進行創作，並不徒勞地去捕捉瞬間形象，也不著意刻劃人的喜怒哀樂，因為這些瞬間的東西與永恆這一死亡的主題是相對的。

　　了解了古埃及人創作藝術作品的前提，我們才能理解古埃及人讓內容適應機械模式的作法，體味到古埃及人的良苦用心，從而，當我們面對古埃及的那些藝術品時，也能從那不變的模式中感受到一種「永恆」之美。

　　古埃及人的這種「良苦用心」在現代派藝術家那裡得到充分的理解。當人們費了那麼大氣力糾偏，把藝術抽象化、模式化的傾向轉到自然與現實後，現代藝術家卻發現人類無法描摹真實的自然，自然的東西完全可以用照相機等現代機械來替代。他們把藝術再一次看成表達內心體驗的一種形式。重要的並不在於這種形式本身是否同自然相像，關鍵是它能否讓人感受到一種內心的騷動和神祕。那些古代人抽象的藝術模式又成為啟發他們靈感的源泉。於是，藝術開始向古代回流，模式中蘊含的恆在之美和神祕成了連接古人與現代人的橋樑。

讓時間的腳步停留

　　萬物運動而有了時間，時間昭示著人類豐富多彩的生活。然而，在古埃及藝術作品中，時間似乎成了無意義的東西，時間的流逝絲毫引不起它的任何變化，它一直保持著以不變應萬

變的姿態。

　　古埃及人這種不變的姿態在藝術作品中表現在兩個方面。首先，古埃及藝術作品的形式有強大的穩定性，並不隨時代的變化而有所發展。「在西歐藝術史上，每十年便會出現一些奇異的變化，每百年審美趣味將會發生一次徹底的革命；而在埃及，藝術風格兩千年裡也不會發生明顯的變化。」❸

　　在描繪第一位國王的「納美爾石版」中，已經奠定了雕刻人物的基本格局，但一直到新王國時期，法老的雕像都未脫原來的模式，以至於「最晚期神廟裡的神的形象同最早期紀念碑上的神像一模一樣，美尼斯（Menes）國王（第一位國王）能夠一眼認出托勒密（Ptolemy）或羅馬時代聖殿裡的阿芒神或奧西里斯神。」❹這話一點也不誇張，只要比較幾座著名的法老雕像便可看出。

　　如第三王朝左塞王的雕像，大小同真人相似，端坐在寶座之上，一動不動，腰板挺直，兩腿並攏，一隻手放在膝上，另一隻手則機械地搬起在胸前；面孔嚴肅，兩眼直視前方，似乎已洞穿世間及冥世的祕密，透出一種威嚴與永恆。而中王國時期第十二王朝的塞索斯特里斯一世像（Sesostris）和阿美尼姆赫特三世像，同樣是面露威嚴與永恆，其形象並無多大改變，所不同的只是他們的兩手均按在膝上，他們同樣端坐在寶座之上，兩眼直視前方。到了新王國時期，吐特摩斯三世的石像仍然沒有什麼變化。他們之間雖然隔著千餘年的歷史演進，但卻有相同的姿勢、相同的神態，彷彿出自一個藝術家之手。儘管這些雕像的面孔各不相同，但神態上卻是一致的，都是靜靜

---

❸　H・里德：《藝術的真諦》。
❹　威爾金森：《古埃及生活和風借》（第二卷），紐約博南澤出版社。

地、毫無表情地、威嚴地注視著。所有這些雕像給人的印象是相同的：莊重嚴肅。因而，時間對這不變的雕像形式而言沒有任何意義。

其次，從每一件雕刻作品的內容本身，我們也能強烈地感受到時間的停留。他們雕刻法老時，並不根據各個法老的具體形象及在不同場合的不同動作來雕刻，而是一律取他們年輕時的健康容貌，參照各個法老的不同內容，製成一種具有理想美的完整形象。根本不去表現他們在特定時間、特定場景中的特定動作，而是描繪他們在所有時刻、所有場景中的一般動作。每位法老無論年輕、還是年老，無論從事這項活動、還是那項活動，都是同一形象。因而，實際上這種形象成了用以標誌他們的符號。符號是超越時間和場合的。

而且，古埃及藝術家為避免藝術品中露出時間流逝的痕跡，並不描繪任何短暫易逝的細節。頭髮是飄散的，容易給人造成一種動的感覺，於是他們便不具體畫出頭髮，而使其成為兩塊凝固的石版，把富有動感的頭髮死死固定。手與腳是最能代表動作的，於是，他們便給手和腳一種固定不變的既不自然又僵硬的姿勢，使其像錄像中的定格，把人體本來便有的豐富多彩的動作剔除出去。甚至將表情也加以固定，使臉部的表情全部消失，形成一種恆定、嚴肅而又淡然的形象。

一種「靜」的觀念貫穿著雕像全身，在這種寂靜之中，時間彷彿完全停止了。

古埃及藝術風格的千年不變並不是說古埃及人的雕刻技術一直停滯不前，而是他們禁止在人體的表現風格上做任何改進，不允許人們在雕刻時借鑒經驗及觀察進行細緻的描繪。準確地描繪肢體的運動被認為不恰當。人們必須按照早就定下的模式進行或複製，不得有任何違背。否則，便破壞了藝術品本

身特有的功用。匠人們進行雕刻一般都是受人委托，他要嚴格按照委託人的要求，否則便被認為是失敗。

因為，這種雕刻並不供人欣賞，而是有著實用的目的，是為了表達人對永恆的追求，在其中寄託來世永生的情感。如果是活生生的，如果是表達特定時期的特定動作，那麼這一雕像作品本身的含義便大大受到限制，也容易隨時代和場景的變化而失去意義；相反，在雕像作品中抽去時間，抽去特有的動作和表情，他便真正成為體現永恆的紀念碑。

柱式中的情感

在古埃及建築中，頗具特色的是它的柱子。著名的卡納克神廟（Karnak Temple），大廳之內便有十六排一百三十四根巨柱，柱身皆為花崗石所砌成；中央兩排十二根最大的石柱高達廿一米，每根蓮花柱頭上便可容納一百人左右，柱身上有著華麗的彩色浮雕。雖然歲月的流失使卡納克神廟成為一片殘敗的廢墟，但從這些遺留下來的巨柱中便可想見整個建築群雄偉而富麗的氣勢。不但這種大型建築物中有著柱子，就是一般建築或門廊中也廣泛使用。可見，古埃及人對柱子偏愛不亞於以後的希臘人及以後的歐洲。事實上，希臘及歐洲建築中的柱式明顯地模仿和借鑑了古埃及的特點。

古埃及的柱式多種多樣，有方形柱、紙草束狀柱，有六面體、連續凹槽柱式，有圓形柱式、蓮花式、棕櫚葉式、掛鐘式等等。這些不同的柱式各自的特色最明顯地體現在豐富多彩的柱頭上。當柱式表現的是束起的紙草莖時，柱身表現為連續的凹槽，遠遠望去，像是一根根紙草。在柱頭與柱身的結合處，

則水平地刻著凹槽，代表著束紙草的繩子。柱頭則微微呈弧狀隆起上收，呈紙草被緊捆後的形狀。當表現紙草花盛開時，柱頭則呈下窄上寬的盆狀，代表著紙草花開放時展開的形狀。另外，還有表現幾種花合併而成的柱頭，當柱身被束起時，柱頭則呈現為花藍狀，各種不同的花複雜而有機地組合為一體。

這種柱身與柱頭的結合深深影響了古希臘的柱式。希臘柱式分為多利亞式（Doric）、愛奧尼亞式（Ionian）、科林斯式❺（Colins）。多利亞式柱身上細下粗，向上收條的直線略有微小弧度，上下有十六到二十條並列的凹槽，凹槽為半圓形；柱頭由兩部分組成，直接柱身的為圓形的柱頭，柱頸之上是正方形的平方板。愛奧尼亞式柱身較細長，凹槽也較多，一般是廿四條，柱身呈直線向上收條，柱頭由裝飾頸帶及位於其上的兩個大圓形渦卷所組成。科林斯式的柱身更為細長，一般是柱徑的十倍，柱頭則是一束爵狀植物葉叢集而成，類似一種花藍。從柱身上，連續的凹槽與古埃及並無二致，像是一根根植物莖的組合，柱頭與柱身之間的裝飾莖帶則猶如束植物的繩子，圓形柱頭、漩渦狀柱頭及花籃式柱頭又分別同古埃及表現紙草或蓮花未開時、含苞欲放時及盛開時的形狀相配。「毫無疑問，希臘人從古埃及柱式中借鑑而形成了其多利亞柱式，可能的是，多利亞的柱頭來自古埃及的水草柱，因為，移去水草柱的上部，把平方板下移，便活脫脫地出現了多利亞柱頭。古希臘柱子上環繞柱頸的飾帶也來自古埃及捆紮水草束的帶子。」❻

古埃及人在柱式上表現的智慧對希臘的輻射如此明顯，我

---

❺　李浴：《西方美術史綱》。
❻　威爾金森：《古埃及生活和風俗》（第二卷），紐約博南澤出版社。

們不必在此多費筆墨。回過頭來，讓我們看一看古埃及人在柱式上表達了怎樣的情感。古埃及人是一個善於在建築及雕刻中表達其生死觀及永恆的民族。他們總是先定下一個固定的模式而不加改變，而且在具體的作品中總是描繪一般的形象，而把特定時期的特定形狀去除，而且儘量不去模仿自然，在作品中根本找不到自然中的動感與韻律。但是，在柱式中，他們卻反其道而行之，儘量從自然中吸取素材，並儘量模仿自然。那束起的紙草，那束起的蓮花，那直立的棕櫚樹，都活生生是自然中的景象。而且，我們從中強烈地感受到自然的動感與韻律，紙草或蓮花從長出莖稈，經過含苞待放到繁花盛開，從柱頭的裝飾中體現出植物不斷生長的自然過程。這說明，古埃及人並不是沉浸於宗教情感而忽略自然的人。

儘管在總的宗教情緒籠罩下，人們的藝術創作遵守一定的規範，但他們總是在可能的情況下表達自己對自然、對生命的情感。一根根巨柱架起的大神廟、大享殿在整體上可能莊嚴而又肅穆，但是，在某個細部，匠人們總是情不自禁地給它添上活潑而又富於動感的一筆。這種情感並不只體現在柱式本身，還體現在柱子之間的排列。古埃及人並不在意柱子之間的對稱和相配，在同一門廊下的柱子，他們會使用完全不同的柱式，可能是圓形柱式和具有凹槽的柱式相對，也可能是花籃式柱頭與束莖式柱頭相配。

這並不是說古埃及人根本不懂對稱與平衡的原理，不懂得協調中的美感，而只是想用這種多樣化來打破慣有的沈悶。既然他們已在柱式本身中流露出對自然的嚮往和動感的追求，他們便不願為講求對稱和平衡而重新陷入沈悶與單調。因此，他們寧可拋卻平衡與對稱之美，而在多樣化中尋求一種活潑的氣息。這種活潑，並不是在任何場合都能表現的，古埃及人抓住

這一契機，便要把它發揮得淋漓盡致。

待客以禮

以禮待客，賓至如歸。古埃及人並不把這些話停留在口頭，而是落實在行動上。為了增加喜慶氣氛和使來客高興，他們無所不用其極，甚至傾家中所有來待客。

當一位客人乘馬車款款而至，便會有一大群傭人擁上來服侍。有的人拿來小凳，以使那位貴人能從車上下來，有的人便從車上拿下他的寫字板或隨身用的東西。然後，客人被領到起居室就坐。通常是坐在飯桌旁，這樣方便客人吃點東西。在正餐開始前，主人便讓人奏樂以娛客人，客人則環視房間的布置，表現出對房間陳設的讚美和注意。正餐開始後必然是一醉方休，這一點我們可以想像得到。

如果一位客人遠道而來，主人便命人給客人端來洗腳水，讓客人洗去一路的塵埃。這一舉動最能表達「接風洗塵」的意義。所端來的腳盆，往往是非常精美的，在富貴之家往往用純金製成；希羅多德便曾提到過這種金製腳盆，從中頗能反應對客人的尊重。與此相對，在客人拜訪完畢準備離開時，埃及人還要為客人塗油。客人端坐，傭人上來為每一位客人頭上塗油。這是歡迎客人的基本標誌之一。這種油味道甜甜的，裝在雪花岩、玻璃或陶製容器中。也許，這種油是一種起保護作用的東西。據說，建造金字塔的工人某次發生暴動，其原因便是缺少這種塗身用的油。塗油完畢後，客人便被獻上一支蓮花，拿在手裡。通常，傭人還拿來用蓮花編織的花環，給客人套在頭上，以示歡迎。

客人被歡迎入室後，便有僕人為其遞酒。古埃及人是以酒代茶的。婦女通常用小杯。當一飲而盡後，便把杯子遞給旁邊的一位僕人，他再接著斟酒。男客人則用單柄大杯。客人一邊喝酒，一邊聽音樂，一邊觀看舞蹈，等著開飯，好去享受那一頓珍饈。

　　「君子之交淡如水。」只要兩人意氣相投，即使是一杯清茶相待，照樣可以長談幾宵，盤桓數日。其間，感情的因素已經遠遠蓋過了其他。正因為清茶之淡，方顯出情意之濃。但如果據此認為來客必待以清茶，那未免又走向極端。

　　古埃及人似乎並不欣賞「君子之交淡如水」的說法，而是對客千般呵護，萬般照顧。主客之間傾心長談倒並不重要，那一系列招待儀式則必不可少。這並不能說古埃及人並非「君子」，不能說主客之間的友情皆為「酒肉朋友」。在繁複的儀式背後並不乏真情。只是在古埃及人眼裡，儀式周到可能不是真情，但儀式不周則必無真情，他們把待客之禮與感情結合了起來。

　　這說明，古埃及人的待客已經不再是主客之間的事情，而上升到社會的高度，上升到禮的高度。其中不再只是感情，還有體面、風度、尊嚴等種種含義。如果一個人不善待賓客以至禮貌不周，不只是得罪了賓客，也使自己失去了風度，這是得不償失的行為。待客講禮貌、講究禮節也可以說是古代的一種「精神文明」吧！

舞出節奏

　　古埃及人擅長音樂，也擅長舞蹈，音樂與舞蹈往往像一對

親姊妹，相伴相隨。音樂的曲調給人以心靈的享受，讓人能充分展開理想的翅膀，而它有節奏的韻律又促使人們通過身體的動作把心理的感受表達出來，於是便有了舞蹈。因此，舞蹈其實是感情發洩的方式之一。在今天很多的非洲民族中，仍然保留著原始的舞蹈習俗，或圍著篝火，拍手頓足，或隨著單調而響亮的鼓聲高喊旋轉，把如痴如醉的情感表露無遺。但是，古埃及似乎已脫離了那種單調的樂聲與舞步，不再把舞蹈純粹看成是發洩情感的契機，而是舞與美聯繫在一起；追求舞態與舞姿的優雅成了他們舞蹈的主要風格。

　　有許多古代國家並不把舞蹈看成體面的事情，反而覺得它不雅。羅馬人便有如此看法，西塞羅（Cicero）便曾說：「無論是一個人獨處，還是在比較體面的場合，除非他昏了頭，否則不會跳出嚴肅的舞蹈，因為舞蹈總是同狂喝濫飲的宴會、無節制和奢侈相伴的。」

　　在所有希臘人中，愛奧尼亞人（Ionian）最擅長舞蹈藝術，但在羅馬人眼裡，他們的歌曲和舞姿既無節制又不體面，有驕奢淫逸的特徵，所以羅馬人譏稱愛奧尼亞人的舞蹈為「愛奧尼亞運動」（Ionian Movement）。希臘人雖然並沒有對舞蹈深惡痛疾，但是也反對過分沈湎於此。在一些哲人眼裡，軟綿綿的舞蹈，或者誇張的姿態，是一種不體面的東西。

　　古埃及人顯然不這麼看，他們在墓壁或刻石上大量雕刻熱鬧的舞蹈場面，說明舞蹈在當時社會上非常流行。男男女女混雜在一起同時翩翩起舞，或分成不同的隊列進行表演。有時，他們配合著低緩的樂曲而跳出柔美的舞蹈，舞者充分展示自己的舞姿；有時，他們又配合著強勁的音樂而跳著活潑有力的舞步，腳使勁拍打著地面，給人以奮發的精神。

　　古羅馬人所忌諱的「軟綿綿」的舞蹈，古埃及反而特別喜

歡，因為在其中能體味到優雅。有時舞者成對表演，互執對方的手；有時單獨表演，完成一系列的步態。很多姿勢頗似現代的芭蕾，那種用腳尖急轉的舞姿早在四千年前就為埃及人所喜愛。除此之外，古埃及人還特別喜愛花步舞：一般以兩個男人為一對搭檔，或是互相走向對方，或是單腿立地，另一條腿抬起，互相面對，表演了一系列動作後，各自朝反方向退去，手仍然拉著；其中還有互相轉圈的動作。這簡直和現代的「吉魯巴」表演別無二致。因此，古埃及人表演的舞蹈已非常注意動作技巧，講究動作本身表現出的優雅趣味。

雖然在舞蹈者當中有男人，有女人，但古埃及人更喜歡女人的舞蹈。他們認為，女人身體的獨特特徵更能體現舞姿的優美與雅致。在舞蹈當中，女人穿的服裝非常輕柔而且透明；在舞蹈過程中，女人肢體的運動能讓人朦朧地看到。她們通常穿寬鬆平滑的長袍，一直到腳踝，有時在腰部紮緊，圍繞臀部束著一根窄皮帶，上面鑲著珠子或裝飾著其他顏色。有時在表演動作中，薄袍撩起的緣故，舞者的身體完全裸露。有人說，最美的莫過於人體，古埃及人把舞蹈看成一個展示人體之優雅與美的場合。在這裡，人們可以通過人體的運動充分表現其魅力，使人獲得美的享受。

在古埃及人眼裡，舞蹈並無驕奢淫逸及道德敗壞的成分，有的只是雅與美，它成了一門道地的藝術。因而，在古埃及人的日常生活中，處處可見舞者的身影。即使在墳墓中，他們也描繪上各種各樣舞蹈的場面，以供已逝的人在來世也能欣賞到這份美與雅致。

寓教於「樂」

古埃及人特別喜愛音樂，就連老農在忙著打穀時也忘不了歌上一曲：打穀為自己，打穀為自己！啊？公牛啊！打穀為自己？打穀為自己！穀粒留給你的主人？麥稈留下來餵你。

有一位作家非常讚賞古埃及人的音樂才能。他說，無論是希臘人還是野蠻人，其音樂全是由埃及的流亡者所教會的。不管事實如何，用這句話來讚美古埃及人的音樂天賦並不為過。

音樂的發達最直接體現在樂器上。古埃及人發明和使用的樂器非常多，有單管、雙管、長笛、各種弦數不等的豎琴、吉他、方鼓、圓鼓、長鼓、鈴、鐃鈸、三角樂器，以及類似於吉他、豎琴和里拉的樂器，豎式里拉和許多叫不出名稱的樂器。

在古埃及的雕刻中可以看到，古埃及樂師頗懂「三協調原理」，即樂器、聲音及樂器和聲音的和諧。因此，除了個人獨奏外，他們通常進行合奏。合奏樂隊的組成通常是變化的，或者是單管、豎琴與長笛；或豎琴與雙管；或十四弦豎琴、吉他、里拉、雙管和長鼓；或兩個不同大小和弦數的豎琴；或吉他、長鼓與方鼓；或里拉、豎琴、吉他、雙管及置於肩上的四弦豎琴；或豎琴、雙管、里拉和方鼓；或豎琴、兩個吉他和雙管；或豎琴、長笛和吉他；或兩個豎琴和長笛。當然還有其他樂器組合。有的節日慶典上，會出現由六百個樂師組成的樂隊，由三百個人同時演奏同一種樂器。

雖然我們並不知道為什麼這種樂器要和那種樂器相配，但是，他們肯定有了某種配器的原理，根據這種原理組成的樂隊能奏出類似交響樂的聲音。不同性質的樂器放在一起合奏，需要很大的技巧，看來，古埃及人似乎已完全掌握了它。而且，在壁畫中，我們看到，古埃及樂隊中已有某種類似於指揮的人

・待客之道

物，他的手裡不拿任何樂器，只是隨著音樂而拍打自己的手；
其實他是在掌握音樂的節拍，以協調各種樂器的節奏，從而組
成和諧美妙的音樂。

古埃及人日常生活中，很多地方都離不開音樂。私人聚會
上，主人總是雇請樂師及歌手以娛賓客。那時多用弦樂器，奏
出優雅美妙的音樂。在融融的樂曲聲中，賓客互技舊情，談今
道古，人與樂曲有機地結合為一體，構成一幅親切和諧的畫
面。在祭祀活動中更少不了音樂。在祭司主持下，樂師們演奏
起莊重嚴肅的音樂，隨著香煙的裊裊升起，肅穆而又神聖的樂
聲彷彿把人帶進一種超凡脫俗的境地。在盛大的節日裡，音樂
又成了把人們的情緒引向高潮的催化劑。隨著震撼人心的咚咚
鼓聲，人們紛紛走向街頭，載歌載舞，或慶祝一年的豐收，或
慶祝尼羅河開始泛濫的第一滴水之夜。

軍隊裡也有樂隊，只不過他們慣用的樂器與普通樂師的有所不同。他們主要使用鼓與號。號主要用來調動軍隊，使他們各赴其職；鼓主要用來調整行軍及活躍氣氛。軍隊使用這種樂器很有道理，兩者發出的響聲很大而且傳得很遠，足以令擁有千軍萬馬的整個軍隊聽到，從而做到迅速有序的調動。即使是在平常的生活中，也總有三三兩兩的樂人坐在街頭彈唱，一方面是為了謀生，一方面是為了自娛和娛人。

古埃及的貴族非常善於欣賞音樂並鼓勵音樂的流行。祭司們便勤勤懇懇地研究音樂的原理，歸納各種音樂不同的風格。政府還把音樂看成是青年教育的一部分，而不是像其他文明中那樣把音樂看成軟化人們意志的東西。柏拉圖曾說：古埃及人認為音樂意義重大，可對青年的頭腦產生有益的影響。對孩子們，除了教以字母外，還要教以由政府指定的音樂。

音樂既體現著精神文化水平，又反映著物質文化水平，所謂「國盛則樂興，國衰則樂廢。」古埃及人這樣注重音樂和擅長音樂，說明他們在辛苦勞作、追求物質繁榮的同時，也非常注重精神上的享受及對藝術美的追求，表現著古埃及人樂觀的性格及豁達的氣度。

沙龍文化

「沙龍」是民間自發組織的交往團體，它沒有章程、沒有禁忌，幾個志同道合的朋友聚在一處，一杯淡酒，或一盞清茶，進行交流：或重點討論某一個問題，或各自把所遇到的新鮮事說給對方聽，或者純粹為了融通感情。

人是一種社會性動物，如果大家老死不相往來，社會便無

法形成，語言和文字便也不可能被發明出來，進而也就不可能有人類本身。但官方組織人們進行交流的機會太少了，而偶然的路遇閑談又太零碎，人們便自發地聚在一起，一起交流。沙龍成了各種文化的傳播地，也是許多新思想產生的地方。古埃及便普遍存在著這種聚會。

古埃及的這種沙龍聚會一般以一個人作主，邀請其他客人前來。但是，也並不拒絕陌生人介入，如果有不速之客，他們也表示歡迎。在沙龍中，婦女往往成為主角。在這一點上，他們比以後的希臘還要開明。希臘婦女從不在娛樂場合拋頭露面，除非被親戚單獨邀請；而她們作客的地方又是不允許男子進入的，除非是一位近親。在埃及則全然不同，男的、女的可以坐在一起，可以一起娛樂和討論問題。可見埃及當時的社交生活已經相當發展，而且已破除男女授受不親的習俗。

前來參加沙龍的客人大都衣著入時，刻意打扮，他（她）們本身便代表著時代的潮流和風尚。尤其是女人，個個打扮得風流嫵媚；或穿祖胸露乳的緊身衣，或穿有精細花邊的束腰裙，帶著漂亮的頭飾，掛著精緻而貴重的耳環。屆時，大家依次坐定，進行活躍的漫談。尤其是婦女們坐在一起，更是無所不談。對服裝的討論是必不可少的。她們興致勃勃地討論小飾物的樣式、質地，耳環的製造者及購得此物的商店；每個人都比較著所戴飾物的做工、樣式和材料，或羨慕他人的，或誇耀自己的。

主人在百般招待的同時，客人也不錯過機會欣賞房間的陳設，因為許多東西是主人特意放置其中的，以此讓客人讚賞或評價。有些人則忙於談論傳聞或政治事件，一派熱鬧氣氛。儘管有時爭論激烈，但大家彼此不傷和氣，一個話題談論結束後，人們總是能夠轉到另一個新鮮問題。這種看似瑣碎而又漫

無邊際的討論，其實有著良好的作用，人們不但在其中了解社會上發生的事件，而且，對服裝、飾物及器具等的評價和談論，開闊了人們的視野，豐富了人們的想像，也培養了人們的審美情趣，這反過來刺激了新樣式的發展及新潮流的出現。

更重要的是，在這種沙龍聚會中，往往伴有音樂演奏和歌舞，被雇請來的樂師及舞者表演各種節目，人們在談論之餘，可以隨時欣賞他們的精彩表演。這些被邀請前來的客人不但能夠欣賞，還能夠進行評價，因為他們大部分都是比較體面而且頗具修養的人物，有權力和能力發表一些意見。能夠得到他們肯定的節目則會進一步流傳，他們指出缺點的節目會得到進一步改進。因而，沙龍聚會與音樂和歌舞的發展關係密切，許多樂曲或樂器因他們的需要而存在，也因他們的欣賞而發展。

民間既是文化的來源地，也是文化的儲存地。許多寶貴的文化遺產便是由這些零散的民間創作中搜集和整理出來的。因為民間最貼近自然，最能感受到生活的氣息，也最能表現生活的豐富多彩。三、五個人自發地組合在一起，談論著並不規定的題目，不但互通著信息，也同時在創造著文化。如果有有心人把每一次閑談都記錄下來，那可是不小的貢獻。可惜像蒲松齡這樣的有心人太少了，像中國古代採詩官那樣的人精力又太有限了；否則，流傳至今的便不會只是一部《聊齋志異》，一部《詩經》。

遊戲，還是體育？

與其說古埃及的遊戲是一種娛樂消遣活動，倒不如說是體育活動，因為他們的遊戲具有技巧性和競爭性的特點，需要鬥

智鬥勇。而且，參加遊戲的人似乎都是經過訓練的專業人員，並按照一定的規則進行。

他們有自己的雜技表演。表演者單獨或組合完成一連串動作：有的表演後空翻，有的表演側平衡──一隻手平伸，另一隻手把一隻腿扳起。有的人彎著腰，另一個人則跳到他的背上，在有限的地方表演各種驚險動作。有的則身體與地面形成一銳角平衡，另一個人則以與其身體相反的方向趴在他的背上，形成一組平衡造型。這種動作的難度之高，恐怕在現代的雜技表演中也很少見。在表演時，有一人手持獎品站在場外，準備給最優秀者頒獎。

另一表現靈活與技巧的遊戲則是擲球：一個人手持三個小球，不斷地拋出再接住，變幻多種花樣，球落地便失敗。作為懲罰，他要彎著腰，讓另一個人騎在背上繼續玩，直至騎在背上的那人失敗。

顯示力量與技巧的活動很多，也更接近現代的體育項目。一種為摔角：其中兩人對峙，穿得很少，腰部束一腰帶。摔角時，兩人面對面相向迫近對方，互相傾斜著抓住對方的身體。規則上規定可抓對方身體的任何一部分，頭、頸及腿均不受限制。戰鬥雙方均以對自己有利的位置來制服對方。摔角的過程會一直延續到雙方倒向地面，直到其中一方完全倒下。這同現代意義上的摔角並沒有什麼區別。他們還有擊劍運動。劍是由棍作成的。擊劍運動員多為女人，大概女人更能體現擊劍動作中的優美姿態。她們身著短裙，各自一隻手執劍，帶著籃狀護手，另一隻手有起保護作用的木板，用繩紮緊。對陣雙方面向而立，互相向對方進擊，直至刺中對方。另一個顯示力量的運動是舉重。不過，他們舉重時不用啞鈴，而是用沙袋；也不用雙手，而是用一隻手，把沙袋從地面提起來，利用慣性再把沙

袋舉向空中。還有一項比較有意思的運動便是鬥牛。每個人各用棍指揮一頭牛，使它們互相撲向對方進行搏鬥。

在這種對抗性很強的運動中，古埃及人避免使用犯人或俘虜進行殘酷的爭鬥，甚至相互廝殺，他們欣賞的純粹是運動中的技巧與智慧，並不是血淋淋的場面。

更令人驚訝的是，古埃及人有了現代意義上的跳棋，而且普遍流行，甚至在壁畫中雕有拉美西斯三世法老坐在椅子上與人對弈的場面。棋盤呈長方形，上面畫著許多小方格，是棋子落子之處。棋子則分別排列在棋盤的兩端，一人執白，一人執黑，大小和形狀則完全一模一樣。對弈者坐在地上或椅子上，用手指移動棋子，各自努力阻擋對方的棋子向己方移動，又努力使自己的棋子前進到對方。棋子只許進不許退，直至一方把自己的棋子完全移到對方頂端為止，先到者為勝。

古埃及的遊戲是兼具力量與技巧的運動，既不是純粹的玩耍，也不是野蠻的鬥狠。運動者可以在運動當中開發自己的智力，挖掘自己身體的潛力，觀賞者則在其中欣賞到力與美。它實際上形同現代的體育，不但在競技形式上相同，而且在宗旨和意義上也相一致。

體育的出現是文明發達到一定程度的產物。在更原始的社會裡，雖然人們出於生產生活的需要，身體個個強壯，而且使用武器和工具的技巧及本領也很高，但並沒有實際的體育，他們從事的遊戲無非是實際生產和戰鬥前的演習，具有很強的實用性。體育則不同，它是集力量、智慧與美於一體的運動，以和平為宗旨，起到陶冶人們性情的作用。它雖然來源於生活，但又高於生活。正因如此，體育才一直流傳並發展起來，越來越多的人對此如痴如狂；正因如此，人們才會對那些違背體育道德的人大加指責，因為那些人違背了體育的宗旨，使它成為

不文明、不美的東西。體育的這種和平競爭的特點也許在古埃及便已形成了。

　　古埃及文明及其智慧彷彿已遠遠離我們而去，但無論是今日人類生活中的許多要素，還是今日人類學問中的許多成分，就如同對世界發生過且仍發生著無與倫比之重大影響的《聖經》中包含著那麼多的埃及事物一樣，我們處處可以看到古埃及智慧若隱若現。何況，金字塔和獅身人面像仍昂然屹立，埃及學仍是學術大殿中最耀眼的一隅，全世界多少詞彙與埃及（Egypt）有關，人類在追溯自己的起源時，都會想到在古埃及的童年時代──古埃及的智慧還在那裡，古埃及的智慧正在這裡；前人已開掘過了，今人正在開掘。但誰能說我們已真正理解了和描述了這神祕而實際的「太陽神的現世王國」之真諦了呢？

〈全書終〉

國家圖書館出版品預行編目資料

古埃及的智慧／趙立行著 -- 初版 --
新北市：新視野 New Vision，2020. 02
　　面；　　公分--
　　ISBN 978-986-98435-4-6（平裝）
　　1. 古埃及　2. 民族文化
761.3　　　　　　　　　　　　108020900

古埃及的智慧

趙立行　著

主　　編　顧曉鳴
企　　劃　林郁工作室
出　　版　新視野 New Vision
責　　編　林郁、周向潮
　　　　　電話：（02）8666-5711
　　　　　傳真：（02）8666-5833
　　　　　E-mail：service@xcsbook.com.tw

印前作業　菩薩蠻數位文化有限公司
印刷作業　福霖印刷有限公司

總 經 銷　聯合發行股份有限公司
　　　　　新北市新店區寶橋路 235 巷 6 弄 6 號 2F
　　　　　電話 02-2917-8022
　　　　　傳真 02-2915-6275

初版一刷　2020 年 02 月